FABULA

Arbeitsmappe

18 Fabeln und 18 Arbeitsblätter
auf Kopiervorlagen

Doris Lecher

SCHUBI®

Die Rechtschreibung dieses Werkes entspricht der Neuregelung von 2006.

Gestaltung/Layout/DTP: Silvia Bartholdi, Schaffhausen

© 2001 SCHUBI Lernmedien AG
CH-8207 Schaffhausen

service@schubi.com
www.schubi.com

2. Auflage 2007

ISBN 978-3-89891-150-4

No 120 54

Vorwort

Nach dem Erscheinen der Geschichtenkiste FABULA wurde mehrfach der Wunsch nach den dazugehörigen Fabeltexten geäußert. Zuerst dachte ich mir: „Die Trauben sind mir zu sauer!“ Dann aber wagte ich mich doch in die Höhle des Löwen, denn Fuchs, Hase, Wolf und Freunde wollten mich nicht loslassen. Zugegeben, ich bin verliebt in Viechereien aller Art, in humorvolle, witzige, geistreiche Tiere besonders und am allermeisten in Jean de La Fontaines wunderbare Verse. Jedes französische Kind kennt sie. In der deutschen Übersetzung geht leider, wie fast immer bei Übersetzungen, ein Teil ihres Charmes und ihres sprühenden Humors verloren. Außerdem sind sie für Kinder recht schwer verständlich. So hielt ich mich meist an die knapperen, schmuckloseren antiken Vorlagen und versuchte dabei, mich nicht mit fremden Federn zu schmücken, sondern gab – soweit das möglich war – jeweils die Quellen an.
Die Fabeln in kleine Kunstwerke zu verwandeln, das überlasse ich den Kindern. Ich liefere ihnen nur die Anregungen dazu, z.B. Anregungen, die Fabel neu zu schreiben, sodass sie dann der persönlichen, aktuellen Situation der Schüler entspricht, oder Anregungen, die Fabel gestalterisch umzusetzen in Bilder, in Theaterstückchen für Handspielpuppen usw. Vielleicht gelingt es auf diese Weise, den Stoff so zu vermitteln, dass einige Kinder einen Teil der ewigen Weisheiten der Fabeln für immer mitnehmen können.
Meine Hoffnung ist, dass alle mit der Leichtfüßigkeit des Hasen, der Ausdauer der Schildkröte und der Schläue des Igels ins Rennen gehen, dass die Löwen den Mäusen helfen, die Pferde den Eseln und umgekehrt, sodass keiner, wenn er ruft „Bin schon da!“, sagen muss: „Eher fliegt eine Schildkröte, als dass ich je wieder eine Fabel lese!“

Doris Lecher

Die wunderschönen Verse von la Fontaine sind in deutscher Übersetzung für Kinder recht schwer verständlich. Seine Fabeln werden hier darum in sehr freier Übersetzung wiedergegeben.

Im Buchhandel finden Sie seine Fabeln in den deutschen Übersetzungen von Ernst Dohm und Gustav Fabricius unter dem Titel „Sämtliche Fabeln von Jean de La Fontaine“.

Inhalt

Einleitung

Zum Gebrauch dieser Arbeitsmappe

Der 1. Teil der Arbeitsmappe unterbreitet allgemeine Bemerkungen und Arbeitsvorschläge zum Einsatz von Fabeln im Unterricht.

Der 2. Teil enthält 36 Arbeitsblätter, je zwei (Blatt A und Blatt B) zu den 18 Fabeln aus der Geschichtenkiste FABULA (SCHUBI Bestell-Nr. 120 52).

Die Auswahl der Fabeln für die Geschichtenkiste FABULA erfolgte nach mehreren Gesichtspunkten:
Die Fabeln mussten ohne Worte darstellbar sein. Somit fielen einige der bekanntesten weg (z. B. „Der Rabe, der Fuchs und das Stück Käse" und „Der kranke Löwe und der Fuchs").
Nur reine Tierfabeln wurden berücksichtigt.
Die Moral der Fabeln sollte ihre allgemeine Gültigkeit nicht verloren haben.
Auf die brutaleren Fabeln verzichtete ich, da ihre visuelle Darstellung schlecht zu ertragen ist. Auch ließ ich in einigen Fabeln die Akteure überleben, obwohl sie im Originaltext zugrunde gehen.

Jeweils auf dem 1. Arbeitsblatt (Blatt A) steht mindestens eine Textversion der Fabel, meistens in einer von mir geschriebenen, schlichten Fassung. Diese Texte werden ergänzt durch Fragen zum Inhalt, zur Moral, zu schwierigen Wörtern. Die Fragen sollen den Kindern helfen, den Text richtig zu verstehen. Die Antworten sind dabei nicht immer eindeutig und „richtig", sie sollen vor allem zu Diskussionen anregen.

Das 2. Arbeitsblatt (Blatt B) bietet viel spielerische Arbeitsfläche für die Schülerinnen und Schüler (Kreuzworträtsel, Logicals, Bastelanleitungen usw.) und kann von ihnen meist selbstständig bewältigt werden. Es setzt aber in der Regel voraus, dass die Schüler und Schülerinnen den Text der Fabel kennen. Wo Lösungen zur Kontrolle notwendig sind, finden sie sich auf der Rückseite des Blattes. Das Konzept der meisten Arbeitsblätter lässt sich stets problemlos (mit leichten Abänderungen) auch für andere Fabeln verwenden.

Über Fabeln

Das lateinische Wort fabula bedeutet vorerst schlicht das Gerede der Leute, das Gesagte, die erdichtete Geschichte. Was eine bloße Geschichte zur Fabel im literarischen Sinn macht, sind nicht die Tiere als Charakterträger (es gibt auch Fabeln, in welchen Götter, Menschen, Pflanzen oder leblose Gegenstände die Hauptakteure sind), sondern dass die Fabel eine Moral, eine Lehre vermittelt.

Kurz und prägnant erzählt die Fabel von menschlichen Schwächen und Fehlern wie Geiz, Neid, Hochmut, Habgier, Herzlosigkeit und überlässt dabei – um weniger verletzend zu wirken – die Rollen nicht konkreten Persönlichkeiten, sondern überträgt sie meistens Tieren als Träger menschlicher Charakterzüge.

Fabeln wurden, wie die Märchen, nie für Kinder geschrieben. Sie werden in ihrer Einfachheit aber von Kindern meist geschätzt und verstanden. Kinder mögen Tiere, seien es die wirklichen Tiere, Tiere mit menschlichem Charakter in Geschichten von Äsop bis Disney oder Fabelwesen (wie etwa die Pokémon). Die Identifikation mit Tieren fällt Kindern leicht. Dazu kommt, dass die Fabelwelt schlicht in Gut und Böse, Schwarz und Weiß, Richtig und Falsch eingeteilt ist. Das stillt das kindliche Bedürfnis nach Gerechtigkeit, nach dem Sieg des Guten über das Böse. Nicht zu vergessen ist der Humor, der bei aller Moral in den Fabeln steckt. Kleine Tiere siegen mit Witz und Verstand über die Großen und Hochmütigen, der besonnene Storch veräppelt den sonst so schlauen Fuchs, der bescheidene Igel trickst den eingebildeten Hasen aus.

Fabeln tauchen immer wieder in unserem Alltag auf, sie sind ein Teil unseres Kulturgutes und gehören zu den literarischen Minimalkenntnissen. Nur so verstehen wir eine ganze Reihe der gängigsten Sprichwörter und Redensarten und verstehen z. B., warum Bugs Bunny immer wieder gegen kleinere, langsamere Tiere ins Rennen zieht und – natürlich – verliert.

Kurze Geschichte der Fabel

Der Ursprung der Fabel liegt – wie der des Volksmärchens – im Dunkeln. Tiergeschichten mit Gleichnischarakter wurden wohl schon immer erzählt, überall, wo Menschen zusammenkamen, und lange vor Äsop. In der abendländischen Kultur gilt er jedoch als der Vater der Fabel. Über ihn ist uns leider gar nichts bekannt. Er wurde schon in der Antike zur Legende, die will, dass er ein Sklave war, der durch seine Klugheit auffiel, befreit und später in Delphi ermordet wurde. Äsops Fabelsammlung wurde etwa in der Mitte der 6. Jahrhunderts v. Chr., wahrscheinlich in Kleinasien, als Prosatext niedergeschrieben. Das Buch ging verloren, doch die Fabeln blieben in der Antike sehr beliebt.

Im 1. Jahrhundert n. Chr. wollte der Römer Phädrus die Weisheiten des Äsop seinen Zeitgenossen vermitteln. Er tat dies auch für uns, denn seine lateinischen Verse blieben uns erhalten. Auch über ihn ist uns praktisch nichts bekannt. In seiner Vorrede bezeichnete er sich selbst als freigelassenen Sklaven des Augustus.

Phädrus' bedeutendster Nachfolger war Babrios, der die Fabeln etwa um 150 bis 200 n. Chr., in Inhalt und Form verfeinert, in griechischen Versen niederschrieb. Er gilt als Klassiker unter den antiken Fabeldichtern. Über ihn als Person wissen wir ebenfalls gar nichts.

Im Mittelalter erfreuten sich die Fabeln als lehrreiche Geschichten großer Beliebtheit. Sie wurden als bîspel (= Beispiel) bezeichnet.

Ihren größten Dichter in der Neuzeit fanden die Fabeln zweifelsohne in Jean de La Fontaine (1621–1695). Geboren wurde er in Château Thierry in der Champagne. Er genoss eine klassische Ausbildung in Paris, begann dann die Rechte zu studieren, fühlte sich aber immer zur Poesie hingezogen. Neben den Fabeln, denen gleich bei ihrem Erscheinen (1. Teil 1668, 2. Teil 1677–79) ein Aufsehen erregender Erfolg beschieden war, schrieb er auch zahlreiche Novellen, Gedichte und mehrere Theaterstücke. 1683 wurde er in die Académie Française gewählt und war, neben Molière, der beliebteste Dichter seiner Zeit. Seine Fabeln sind kleine Kunstwerke. Er verlieh den Tieren viel Persönlichkeit und Charakter und nahm mit seinen Fabeln direkt Stellung zur damaligen Gesellschaft und Politik. Die Moral formulierte er, im Gegensatz zu seinen antiken Vorgängern, nicht immer aus, sondern versteckte sie oft zwischen den Zeilen.

Der größte deutsche Dichter der Aufklärung, Gotthold Ephraim Lessing (1729–1781), war gar nicht einverstanden mit La Fontaines lockerem, spielerischen Umgang mit den Fabeln. Er selbst schrieb in drei Büchern lehrreiche Fabeln schnörkellos nieder, nicht um seine Leser zu amüsieren, sondern um sie – ganz im Sinne der Aufklärung – zu besseren Menschen zu erziehen.

Jedes Jahrhundert kannte seine zeitgemäßen Fabeln, oft die alten in neuer, angepasster Form oder Übersetzung oder es erfand neue dazu. Als die große Fabel des 20. Jahrhunderts (in Buchform) könnte man George Orwells „Animal Farm“ (1945) bezeichnen.

Vorschläge für den Einsatz im Unterricht

Allgemeine Lernziele

- die klassischen Fabeln kennen lernen
- die eigenen Verhaltensweisen überdenken
- allgemein gültige menschliche „Wahrheiten" erkennen und diskutieren
- Fabeln durch ihre Umsetzungen in Dialoge und Rollenspiele, Handpuppenspiele, Bewegungsspiele, Bastelarbeiten vertiefen
- Handlungsabläufe genau beobachten und erkennen
- mündliches und schriftliches Formulieren üben
- Textverständnis, logisches Denken und Rechtschreibung verbessern
- den Wortschatz erweitern

Vorschläge für den Einsatz in Lernbereichen

im Deutschunterricht, mündlich oder schriftlich
- verschiedene Textversionen der gleichen Fabel vergleichen (z.B. die Fabeln 8 und 10)
- Fabeln, die eine ähnliche Moral vermitteln, miteinander vergleichen (z. B. die Fabeln 1, 2 und 17 miteinander, die Fabel 8 mit der Fabel 16)
- Nacherzählungen schreiben: als „klassische" Nacherzählung, wobei auch die Bilder der Kopiervorlagen als Hilfe verwendet werden dürfen, oder als Variante, in welcher die Schüler und Schülerinnen den Ausgang der Geschichte selbst erfinden.
- eine eigene Fabel erfinden:
  - nach vorgegebener Moral
  - nach einem persönlichen Erlebnis, dem Muster einer bestehenden Fabel folgend
  - ohne Vorgaben
- eigene Texte schreiben (z.B. Arbeitsblätter 4B, 18B)
- Wortschatzübungen (Arbeitsblätter 3B, 6A und 6B, 8B, 10A, 11A, 18B)
- Rechtschreibeübungen (Arbeitsblätter 6B, 8B, 16B)
- Übungen zum Textverständnis (Arbeitsblätter 5B, 6B, 8B, 10B, 14B, 15B)
- Monologe und Dialoge für die Tiere der Fabel schreiben (Arbeitsblätter 2B und 12B)
- Rollenspiele erarbeiten (auch mit Handpuppen) (Arbeitsblätter 9B, 11B, 12B)
- Charaktermerkmale, Eigenschaften der Tiere erkennen (Arbeitsblatt 3B)
- Redensarten und Sprichwörter, in denen Tiere vorkommen, kennen lernen (Arbeitsblätter 3B, 4B, 5A, 10A, 18A)
- Wahrnehmungsschulung (Arbeitsblatt 1B)
- Denkschulung (Arbeitsblätter 5B, 7B, 15B)

in der Lebenskunde
- die Fabel als Grundlage für Diskussionen über menschliches Verhalten benützen
- die Moral der Fabel formulieren und diskutieren, dazu passende eigene Erlebnisse erzählen
- das eigene Verhalten überdenken
- eigene Erlebnisse in neue Fabeln kleiden
- jemandem „den Spiegel vorhalten", indem man für ihn eine neue Fabel schreibt

im Sachunterricht
- die Geschichte der Fabel und Kurzbiografien der Fabeldichter vermitteln
- unterschiedliche Originaltexte der gleichen Fabel aus verschiedenen Epochen miteinander vergleichen (Arbeitsblatt 10A)
- Fabeln zu thematisch behandelten Tieren zuziehen (Arbeitsblatt 3A zu Wolf und Fuchs, 8A zum Frosch, 15B zu Grille und Ameise)

Vorschläge für den Einsatz im Unterricht

im Unterricht für Zeichnen und Gestalten
- Bilder zu Fabeln in diversen Techniken malen (Arbeitsblatt 7B)
- Collagen gestalten (mit Naturmaterialien) (Arbeitsblatt 1B)
- eine (eigene) Fabel in eine Bildergeschichte oder einen Comic umsetzen (Arbeitsblatt 2B)
- Handpuppen, Fingerpuppen zu Fabeln herstellen (Arbeitsblätter 9B, 11B)
- Tiermasken für Rollenspiele basteln (Arbeitsblatt 12B)
- Brief gestalten (Arbeitsblatt 18B)
- eine geeignete Klassen-Abschlussarbeit – ein Tier-Memospiel – zum Thema Fabeln:
  Jeder Schüler, jede Schülerin, gestaltet ein Tierpaar
  (Spielvariante: Es dürfen verschiedene Tiere zu Pärchen kombiniert werden, falls sie in derselben Fabel vorkommen, z. B. Fuchs + Storch, Fuchs + Wolf, Hase + Schildkröte, Hase + Igel, Schildkröte + Ente.)

im Französischunterricht
- Tiernamen lernen, das französische Vokabular erweitern
- La Fontaines Fabeln im Original hören (eine vertiefte Bearbeitung ist aber erst mit älteren Schülerinnen und Schülern möglich)
- Dialoge erarbeiten
- Rollenspiele mit Hilfe von Handpuppen (Arbeitsblätter 9B, 11B)

im Musikunterricht
- eine Fabel musikalisch umsetzen, Tiere mit Musikinstrumenten darstellen (z. B. mit dem Orffschen Instrumentarium) (Arbeitsblatt 13B)

Verzeichnis der Kopiervorlagen

Der Löwe und das Mäuschen

Ein Mäuschen lief einem schlafenden Löwen über den Körper. Davon erwachte der Löwe. Er packte das Mäuschen und wollte es gleich auffressen. Da flehte das Mäuschen den starken Löwen an: „Du bist es doch gewohnt, viel größere Tiere zu jagen, als ich es bin. Bitte, lass mich am Leben! So klein ich bin, vielleicht kann auch ich dir eines Tages helfen." Der Löwe musste lachen, ließ aber das Mäuschen laufen. Einige Zeit später geriet der Löwe in das Fangnetz von Jägern. Das Mäuschen hörte den Löwen stöhnen und eilte herbei. Mit seinen scharfen Zähnchen durchnagte es flink die Seile. So befreite es den Löwen und rettete ihm das Leben.

Vor etwa 2600 Jahren erzählte der Grieche Äsop diese Fabel. Als Moral fügte er hinzu:

„In schlechten Zeiten haben auch die Mächtigen die Hilfe der Schwächeren nötig."

Vor etwa 300 Jahren erzählte der Franzose Jean de La Fontaine dieselbe Fabel.
Der letzte Satz lautet bei ihm:
„Geduld und Zeit erreichen mehr als rohe Gewalt."

- Vergleiche die Lehren der beiden Dichter miteinander.
- Was bedeutet Äsops Moral?
- Was bedeutet de La Fontaines Moral?
- Welche Moral passt deiner Meinung nach besser zu dieser Fabel?

Jean de La Fontaine fügte der Fabel vom Löwen und dem Mäuschen eine zweite hinzu:

Eine Taube kam an einen Bach um zu trinken. Da sah sie, wie eine Ameise ins Wasser fiel und schon bald am Ertrinken war. Die Taube hatte sofort Mitleid mit der Ameise. Schnell brach sie einen Grashalm ab und warf ihn der Ameise als Boot zu. So konnte sich die Ameise ans Ufer retten. Bald darauf kam ein barfüßiger Mann mit einer Armbrust daher. Er sah die Taube und wollte sie schießen, um daraus einen Braten zu machen. Schon hatte er die Armbrust gespannt, doch das hatte die Ameise beobachtet. Darum zwickte sie den Mann in die Ferse. Er drehte sich um. Die Taube hörte diese Bewegung und flog schnell auf und davon.

- Gib der zweiten Fabel einen Titel.
- Welche der beiden Lehren von oben passt auch zur zweiten Fabel?
- Kannst du ein Beispiel erzählen, wo du einem Größeren geholfen hast?
- Erzähle auch, wie ein Kleinerer dir geholfen hat.
- Wenn dir keine persönlichen Erlebnisse einfallen, darfst du passende Geschichten erfinden.

Der Löwe und das Mäuschen

Der Titel der zweiten Fabel von Jean
de La Fontaine heißt
„Die Taube und die Ameise".

Wir gestalten eine Szene aus dieser Fabel als Collage*.

- Lies die Fabel „Der Löwe und das Mäuschen" auf dem Arbeitsblatt 1A.
- Überlege dir, welche Szene du am spannendsten, am schönsten oder am interessantesten findest und die sich gut zum Gestalten eignet.
- Lege ein Blatt starkes Zeichenpapier, Schere, Leim, Bleistift und Buntstifte bereit.
- Zeichne mit Bleistift dein Bild fein vor.
- Suche nach geeigneten Materialien für deine Collage. Für die Wiese kannst du zum Beispiel gepresste Blumen oder Gräser verwenden. Vielleicht findest du auch geblümtes Geschenkpapier oder passende Abbildungen aus Zeitschriften.

Als Ideen-Hilfe verstecken sich in diesem Buchstabengitter waagrecht, senkrecht und diagonal verschiedene Vorschläge für geeignete Materialien. Umrande sie farbig. Wofür kannst du sie benützen?**

A	L	B	A	S	T	H	E	Z	R	A	U	S	I	M
N	E	U	S	I	S	U	P	W	A	H	L	C	K	O
F	R	Ü	C	H	T	E	N	E	T	Z	C	H	E	N
A	I	R	H	E	R	S	E	I	R	E	R	N	T	A
W	O	L	L	E	O	W	I	G	A	L	B	U	R	T
E	N	T	Z	A	H	A	P	E	L	Z	E	R	A	B
R	G	A	U	S	S	K	E	N	P	I	L	N	U	G

für die Maus ....

für den Löwen ....

für die Mähne ....

für die Tieraugen ....

für die Schnurrbärte ....

für das Lager des Löwen ....

für die Schwänze ....

für das Fangnetz ....

für die Bäume ....

eigene Ideen ....

Information für neugierige Mäuse:
* Collage kommt vom französischen Verb „coller", das bedeutet „kleben". Eine Collage ist also ein „Klebbild".
** diagonal <griech.>: Eine Diagonale verbindet zwei einander schräg gegenüberliegende Ecken eines Vierecks geradlinig miteinander. Diagonal bedeutet also schräg laufend von oben nach unten oder umgekehrt.

- Gestalte nun den Hintergrund mit Buntstiften.
- Schneide dein Collage-Material zurecht und klebe es auf.

Der Löwe und das Mäuschen

A	L	B	A	S	T	H	E	Z	R	A	U	S	I	M
N	E	U	S	I	S	U	P	W	A	H	L	C	K	O
F	R	Ü	C	H	T	E	N	E	T	Z	C	H	E	N
A	I	R	H	E	R	S	E	I	R	E	R	N	T	A
W	O	L	L	E	O	W	I	G	A	L	B	U	R	T
E	N	T	Z	A	H	A	P	E	L	Z	E	R	A	B
R	G	A	U	S	S	K	E	N	P	I	L	N	U	G

für die Maus *Filz*

für den Löwen *Pelz*

für die Mähne *Wolle*

für die Tieraugen *Perlen*

für die Schnurrbärte *Bast*

für das Lager des Löwen *Stroh*

für die Schwänze *Schnur*

für das Fangnetz *Früchtenetzchen*

für die Bäume *Zweige*

eigene Ideen ....

Der Hase und der Igel

An einem schönen Sonntagmorgen begegneten sich der Igel und der Hase am Rande eines Ackers. Der Igel grüßte den Hasen freundlich und wünschte ihm einen schönen Tag. Der hochnäsige Hase aber erwiderte den Gruß nicht und machte sich stattdessen über die krummen Beine des Igels lustig. Da wurde der Igel zornig, denn dass man über seine Beine spottete, das konnte er gar nicht ertragen. Er sagte: „Du bildest dir wohl ein, dass du die besseren Beine hast." „Ja, das denke ich", erwiderte der Hase. „Das kommt nur auf den Versuch an", meinte der Igel. „Wetten wir, dass ich in einem Wettlauf gewinne?" „Das ist ja zum Lachen!", spottete der Hase, aber er nahm die Wette an. „Lass uns gleich starten!", drängte er. „Ich muss erst noch nach Hause und frühstücken", sagte der Igel. „In einer halben Stunde bin ich wieder da."

Auf dem Heimweg dachte der Igel für sich: „Der Hase verlässt sich auf seine langen Beine. Aber ich will ihn schon austricksen." Zu Hause erzählte er seiner Frau, dass er mit dem Hasen um die Wette laufen wolle. Da begann sie zu schreien: „Hast du den Verstand verloren?" „Sei ruhig und komm mit!", beschwichtigte ihr Mann sie und erklärte ihr: „Wir werden auf diesem Acker laufen, jeder in einer Furche. Du hast nichts anderes zu tun, als dich in der Nähe des Ziels in die Furche zu ducken. Aber lass dich nicht blicken! Wenn du den Hasen kommen hörst, rennst du ins Ziel und rufst: ‚Bin schon hier!'" Nach diesen Anweisungen ging der Igel zum Start zurück. „Kanns losgehen?", fragte der Hase. „Jawohl!", rief der Igel und jeder stellte sich in eine Furche. Der Hase zählte: „Eins, zwei, drei", und rannte wie der Sturmwind über den Acker. Der Igel aber machte ungefähr drei Schritte, duckte sich dann in die Furche und blieb ruhig sitzen. Wie nun der Hase in vollem Laufschritt am andern Ende des Ackers ankam, rief ihm die Igelfrau entgegen: „Bin schon hier!" Der Hase stutzte und wunderte sich sehr, denn er meinte ja, der Igel selbst rufe ihm das zu. Bekanntlich sehen Igelmann und Igelfrau einander sehr ähnlich. „Das geht nicht mit rechten Dingen zu!", schimpfte er. „Wir laufen zurück!" Und wieder rannte er wie der Sturmwind los, sodass ihm die Ohren fast vom Kopf flogen. Die Igelfrau aber blieb ruhig an ihrem Platz. Als der Hase ankam, rief ihm der Igelmann entgegen: „Bin schon hier!" Der Hase aber, ganz außer sich vor Zorn, schrie: „Wir laufen nochmals zurück!" „Ist mir auch recht", meinte der Igelmann, „so oft wie du Lust hast." Und so rannte der Hase noch dreiundsiebzigmal den Acker rauf und runter und immer rief entweder der Igelmann oder die Igelfrau am Ackerrand: „Bin schon hier!" Beim vierundsiebzigsten Mal konnte der Hase nicht mehr und stürzte in der Mitte des Ackers zu Boden. Der Igel und seine Frau aber gingen vergnügt nach Hause. Und wenn sie nicht gestorben sind, dann leben sie noch heute.

Die Lehre aus dieser Geschichte ist erstens, dass keiner, wenn er sich auch noch so vornehm dünkt, sich über einen Geringeren lustig machen soll. Und zweitens ist es geraten, dass man, wenn man heiratet, sich eine Frau nimmt, die einem ähnlich sieht. Wer also ein Igel ist, sollte dafür sorgen, dass seine Frau auch ein Igel ist, und so weiter.

(nach den Gebrüdern Grimm)

Die Moral oder die Lehre dieser Fabel besteht aus zwei Teilen, einem ernst gemeinten und einem humorvollen.

- Welcher Teil ist ernst gemeint und was bedeutet er?
- Welcher Teil ist humorvoll gemeint?
- Auch im humorvollen Teil steckt ein wahrer Kern. Erkennst du ihn?

Der Hase und der Igel

Das Original dieser Fabel finden Sie in der Sammlung der Kinder- und Hausmärchen der Gebrüder Grimm, allerdings nicht in Hochdeutsch, sondern in plattdeutschem Dialekt.

Diese Fabel zeichnen und schreiben wir als Comics.

- Schau dir verschiedene Comics an und überlege, welche Tricks in Comics verwendet werden, um eine Geschichte zu erzählen: Was ist anders als bei einem geschriebenen Text?
- Was ist anders als bei einer Bildergeschichte ohne Worte?
- Löse die Aufgaben auf diesem Arbeitsblatt.

1. Lies die Fabel auf dem Arbeitsblatt 2A.
2. Teile die Fabel in einzelne Bilder auf. Fertige Skizzen an.
3. Schreibe auf, was die Tiere sagen, denken, fühlen.
4. Kürze alle Dialogtexte so stark, dass sie in Sprechblasen passen.
5. Teile dein Blatt mit Maßstab und Lineal in geeignete Bildkästchen ein.
6. Zeichne und schreibe nun deinen Comic mit Bleistift vor.
7. Endausführung: Verwende für die Linien Tusche oder dünnen, wasserfesten Filzstift.
   Male die Bilder mit Buntstiften, Filzstiften oder Wasserfarben aus.

In Comics wird Gesprochenes und Gedachtes oft in solche Blasen gesetzt. Schon allein die Form der Sprechblase drückt ein bestimmtes Gefühl oder eine Stimmung aus.

Welches Gefühl passt zu welcher Sprechblase? Schreibe die Begriffe in die passenden Kästchen.

Wut	Angst	Gedanke	normale Rede	Traum	Flüstern

Angst

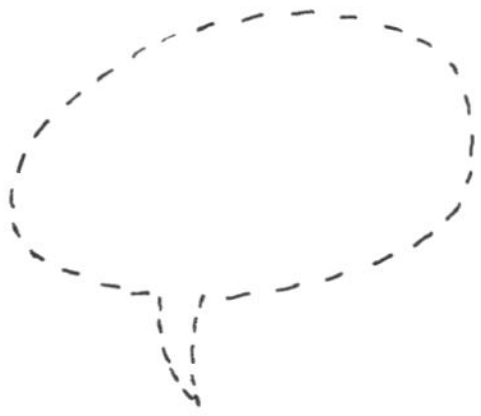

Flüstern

normale Rede

Wut

Traum

Gedanke

Der Fuchs und der Wolf

Eines Nachts schaute der Fuchs in einen tiefen Ziehbrunnen, auf dessen Wasser sich gerade der Vollmond spiegelte. „Ein riesiger Käse!", dachte der Fuchs und überlegte, wie er ihn erreichen könnte. Zwei Eimer, die an den Enden eines Seiles festgebunden waren, konnte man abwechselnd in den Brunnen hinunterlassen und Wasser darin heraufziehen. In seiner Gier setzte sich der Fuchs in den oberen Eimer und ließ sich auf den Grund des Brunnens hinab. Unten angekommen bemerkte er seinen Irrtum. Zwei Tage und zwei Nächte musste der Fuchs in seinem Eimer im Brunnen ausharren. Er dachte schon, er müsse sterben. In der dritten Nacht aber, als der abnehmende Mond schon kleiner geworden war, kam der Wolf vorbei. Der Fuchs rief ihm zu: „Kollege, ich will dir ein Geschenk machen! Siehst du das hier? Es ist ein wunderbarer Käse. Ich habe schon ein wenig daran

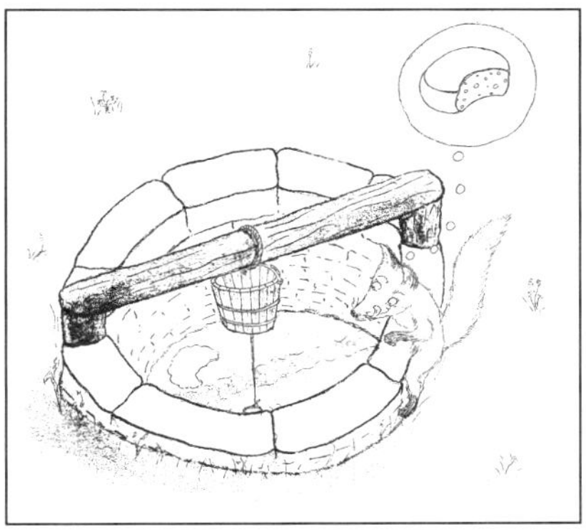

geknabbert, aber der Rest ist für dich. Steig in den Eimer, den ich eigens für dich oben bereitgestellt habe!" Der Wolf war dumm genug, dem Fuchs zu glauben. Er stieg in den Eimer und weil er schwerer war, zog sein Gewicht den Fuchs in seinem Eimer flugs hinauf. Der machte sich vergnügt davon. Aber lachen wir die beiden nicht aus! Wir alle lassen uns leicht verführen. Jeder von uns glaubt gerne, was er fürchtet, und gerne, was er sich wünscht.

(nach Jean de La Fontaine)

- Wieso scheint es, der „Käse" im Brunnen sei angeknabbert worden?
- Wie wird der Fuchs in dieser Fabel dargestellt? Nenne drei seiner auffälligsten Eigenschaften.
- Wie wird der Wolf dargestellt? Nenne auch drei seiner Eigenschaften.
- Überlege dir: Wie sind Füchse und Wölfe in der Natur?
- Wie werden sie in Märchen, Fabeln und Geschichten geschildert?
- Wie kommen sie zu ihrem Ruf? Trägt ihr natürliches Verhalten dazu bei?
- Kennst du wahre Fuchs- und Wolfsgeschichten? Erzähle davon.

Die letzten zwei Sätze erklären die Lehre dieser Fabel.

- Erzähle, wie du etwas geglaubt hast, das nicht wahr war, aber vor dem du dich gefürchtet hast.
- Erzähle auch, wie du etwas geglaubt hast, das nicht wahr war, aber das du dir sehr gewünscht hast.

Der Fuchs und der Wolf

Diese Fabel ist geeignet, das natürliche Verhalten von Fuchs und Wolf mit ihrer Charakterisierung in Märchen und Fabeln zu vergleichen.

Möglichkeiten:
- Märchen, Geschichten und Fabeln mit Fuchs und Wolf als Akteure zusammentragen.
- Zeitungsausschnitte, Naturberichte über Fuchs und Wolf zusammentragen.
- Charakterisierungen vergleichen.
- Der Frage nachgehen, wie und wo Fuchs und Wolf mit den Menschen interagieren.
- Wo wird der Mensch durch Fuchs oder Wolf geschädigt?
- Wo wird Fuchs oder Wolf durch den Menschen geschädigt?
- Wo entsteht gegenseitiger Nutzen?
- Wie war das früher, als die meisten Märchen und Fabeln entstanden?
- Was hat sich verändert?
- Wie sehen die Kinder diese Tiere?
- Was stimmt dabei mit der Natur überein, was mit der Typisierung in der Literatur?

Die Tiere in der Fabelwelt tragen bestimmte menschliche Eigenschaften. Die sieben Tiere in der Tabelle kommen oft in Fabeln vor.

- Ordne ihnen das passendste Adjektiv aus der Liste zu und schreibe den darunter stehenden Buchstaben in das Kästchen. Von oben nach unten gelesen ergibt sich der Fabelname eines Tieres.
- Schreibe weitere Adjektive auf, die deiner Meinung nach zu diesen Tieren passen.

↓		passendstes Adjektiv	eigene Adjektive
☐	Löwe:		
☐	Fuchs:		
☐	Schildkröte:		
☐	Maus:		
☐	Pfau:		
☐	Bär:		
☐	Hase:		

schlau	schön	stark	klein	schnell	königlich	langsam
E	E	K	N	E	R	I

Lösungswort: ☐ ☐ ☐ ☐ ☐ ☐ ☐ So heißt der .... in den Fabeln.

Zusatzfragen für kluge Eulen:
1. Weißt du, wer Meister Lampe ist?
2. Und wer ist Isegrim?

★ Tipp: kluge Eulen schauen öfters mal etwas im Lexikon oder Internet nach.

Wir verwenden oft Tiernamen in unserer Sprache.

- Setze die folgenden Wörter richtig zusammen.

mäuschen	müde
hunde	stark
pudel	schwarz
bären	still
raben	nass

Der Fuchs und der Wolf

Lösungswort: REINEKE So heißt der **Fuchs** in den Fabeln.

Zusatzfragen:
1. Meister Lampe ist der Hase.
2. Isegrim ist der Wolf.

mäuschenstill
hundemüde
pudelnass
bärenstark
rabenschwarz

Die Schildkröte und die zwei Enten

Eine Schildkröte wollte schon immer einmal fliegen und die große, weite Welt sehen. Sie erzählte zwei Enten am Teich von ihrem Wunsch. Da hatten die beiden Enten eine Idee. Sie nahmen einen Holzstock und erklärten: „Wir nehmen beide je ein Ende des Stocks in den Schnabel. Du kannst dich in der Mitte mit deinem Maul festbeißen. So können wir mit dir bis nach Amerika fliegen. Aber pass auf", ermahnten sie die Schildkröte, „mach ja nicht das Maul auf während des Fluges!" Die Schildkröte war begeistert von dem Vorschlag.

Schon ging es los und sie flog mit den beiden Enten hoch durch die Lüfte. Die Tiere am Boden staunten. Eine Schildkröte rief einer andern zu: „Schau einmal dort oben! Eine fliegende Schildkröte. Wir wollen sie zur Königin aller Schildkröten machen." Das hörte unsere Schildkröte und sie antwortete: „Jawohl, die Königin, das bin ich!" Damit hatte sie natürlich ihr Maul geöffnet. Sie fiel zu Boden und beendete so im Sturzflug ihre Reise.

(nach Jean de La Fontaine)

- Erzähle ein eigenes Erlebnis, wo jemand „kopflos", „geschwätzig", „dumm und eitel" oder „überflüssig neugierig" war.
- Fällt dir ein Erlebnis ein, wo mehrere dieser vier schlechten Eigenschaften zusammentrafen?
- Vielleicht haben die Enten und die Schildkröte in dieser Fabel auch gute Eigenschaften? Erkennst du sie?
- Wann ist Neugier überflüssig oder gefährlich und wann bringt sie Gutes mit sich?

Jean de La Fontaine meint am Schluss seiner Fabel:

„Kopflosigkeit, Geschwätzigkeit, dumme Eitelkeit und überflüssige Neugier sind alle nahe verwandt miteinander ..."

Die Schildkröte und die zwei Enten

Im Original geht die Schildkröte durch ihren Absturz elend zugrunde.
In der Geschichtenkiste FABULA wurde das Ende, wie in anderen Fabeln auch, abgeändert, da wir auf die Darstellung von Grausamkeiten möglichst verzichten wollten.

Die Schildkröte und die zwei Enten

Auf diese Fabel geht das Sprichwort „Eher fliegt eine Schildkröte!" zurück. Was bedeutet das wohl?
In vielen unserer Sprichwörter und Redewendungen kommen Tiere vor. In der Liste unten passt jeweils der 2. Teil des Satzes nicht zum ersten.

- Zerschneide die Tabelle den gestrichelten Linien entlang. Nimm ein separates Blatt quer und klebe darauf die zweiten Satzteile so neben die ersten, dass sinnvolle Redewendungen entstehen.
So erhältst du das 1. Lösungswort.

1. Satzteil:	2. Satzteil:	1. ↓	Bedeutung	2. ↓
jemandem einen Bären	feilhalten	E	eine Sache falsch anpacken	O
die Katze	am Berg	S	dumm dastehen und glotzen	R
Maulaffen	ins Ohr setzen	R	jemanden zum Narren halten	S
jemandem einen Floh	im Sack kaufen	I	betrunken sein	T
wo sich Fuchs und Hase	aufbinden	T	nicht weiterwissen	H
dastehen wie der Ochs	gute Nacht sagen	I	stark übertreiben	W
aus einer Mücke	gehen	E	etwas unbesehen kaufen	P
das Pferd	sehen	S	jemanden auf dumme Ideen bringen	I
vor die Hunde	einen Elefanten machen	C	an einem verlassenen Ort	C
weiße Mäuse	am Schwanz aufzäumen	H	zugrunde gehen	R

- Ordne den Sprichwörtern nun die richtige Bedeutung zu (zerschneiden und aufkleben). Jetzt erhältst du das 2. Lösungswort.

Die Lösungswörter heißen:

1. □□□□□□□□□□

2. □□□□□□□□□□

Zusatzaufgabe für schlaue Füchse:
Schreibe eine kleine Geschichte, in der möglichst viele dieser Redewendungen vorkommen.

Die Schildkröte und die zwei Enten

„Eher fliegt eine Schildkröte", sagten die Griechen in der Antike, wenn ihnen etwas besonders unwahrscheinlich schien.

1. Satzteil:	2. Satzteil:	1. ↓	Bedeutung	2. ↓
jemandem einen Bären	aufbinden	T	jemanden zum Narren halten	S
die Katze	im Sack kaufen	I	etwas unbesehen kaufen	P
Maulaffen	feilhalten	E	dumm dastehen und glotzen	R
jemandem einen Floh	ins Ohr setzen	R	jemanden auf dumme Ideen bringen	I
wo sich Fuchs und Hase	gute Nacht sagen	I	an einem verlassenen Ort	C
dastehen wie der Ochs	am Berg	S	nicht weiterwissen	H
aus einer Mücke	einen Elefanten machen	C	stark übertreiben	W
das Pferd	am Schwanz aufzäumen	H	eine Sache falsch anpacken	O
vor die Hunde	gehen	E	zugrunde gehen	R
weiße Mäuse	sehen	S	betrunken sein	T

Lösungswörter:
1. TIERISCHES
2. SPRICHWORT

Die zwei Ziegen

Zwei Ziegen weideten hoch oben in den Bergen. Ihre Weiden trennte eine tiefe Schlucht, durch die ein wilder Bach toste. Über diese Schlucht führte ein Baumstamm, der war so schmal, dass darauf kaum zwei Wiesel aneinander vorbeigekommen wären. Nun setzte die eine Ziege einen Huf auf den Stamm um die Schlucht zu überqueren. Sofort betrat auf der anderen Seite die zweite Ziege ebenso den Steg und in der Mitte trafen sie aufeinander. Stolz und stur, wie sie von Natur aus waren, fiel es keiner ein nachzugeben. Darum begannen sie mit gesenkten Hörnern miteinander zu kämpfen. Keine wäre auch nur einen Schritt rückwärts gegangen. Sie kämpften so lange, bis beide gleichzeitig abstürzten und ins Wasser fielen. (nach Jean de La Fontaine)

Wenn du dich mit deinen Geschwistern, deinen Eltern oder andern Kindern über etwas streitest, kannst du ...

... dich überzeugen lassen und nachgeben,

... um des Friedens willen nachgeben,

... bei deiner Meinung bleiben, weil du im Recht bist,

... oder stur bleiben, auch wenn die anderen Recht haben.

- Bei welchen Gelegenheiten bleibst du stur?
- Wann gibst du nach?
- Wann ist es besser nachzugeben?
- Ist es manchmal auch gut, stur zu bleiben?

Auch mit Sprichwörtern kann man seine Mitmenschen auf liebenswürdige Art belehren. Lies die vier Sprichwörter:

1. „Wenn zwei sich streiten, freut sich der Dritte."
2. „Der Apfel fällt nicht weit vom Stamm."
3. „Der Klügere gibt nach, der Esel bleibt stehen."
4. „Man soll nicht den Bock zum Gärtner machen."

- Welches Sprichwort hätte den zwei Ziegen das Unglück erspart, wenn sie es befolgt hätten?
- Kennst du die Bedeutung der anderen Sprichwörter?

Die zwei Ziegen

Das 3. Sprichwort wäre ein passender Ratschlag für die zwei Ziegen gewesen.

„Der Apfel fällt nicht weit vom Stamm", stellt man fest und will damit sagen, dass ein Kind die gleichen (schlechten) Eigenschaften hat wie sein Vater oder seine Mutter.

„Den Bock zum Gärtner machen" bedeutet, jemanden eine Aufgabe erledigen zu lassen, bei der er mehr Schaden anrichtet, als dass er Arbeit verrichtet. Ein Bock als Gärtner würde nämlich die Blumen fressen, statt sie zu pflegen.

„Wenn zwei sich streiten, freut sich der Dritte" passt zu „Der Löwe, der Bär und der Fuchs" (Fabel 9) und „Die zwei Bären und der Affe" (Fabel 12).

Die zwei Ziegen

Man erzählt sich, dass dem Fabeldichter Jean de La Fontaine eine wahre Geschichte die Idee zu dieser Fabel eingab:
Zwei Edeldamen, die Herzogin von Brissac und die Marquise von Beringhem, sollen einmal während fünf Stunden in einer schmalen Gasse mit ihren Karossen stecken geblieben sein, weil keine der beiden Damen nachgeben und rückwärts fahren wollte.

Logical:
In den engen Gassen von Fabelstadt stehen einander die zwei Autos mit dem ★ seit Stunden gegenüber und stauen den ganzen Verkehr.
Welche zwei sturen Leute sitzen drin und haben das Verkehrschaos verursacht?

★ Tipps für denkende Ziegen:
1. Trage zuerst die Himmelsrichtungen ein.
2. Nimm Buntstifte zur Hilfe, um die Autos in der richtigen Farbe anzumalen.
3. Trage erst dann die Namen der Fahrer ein.

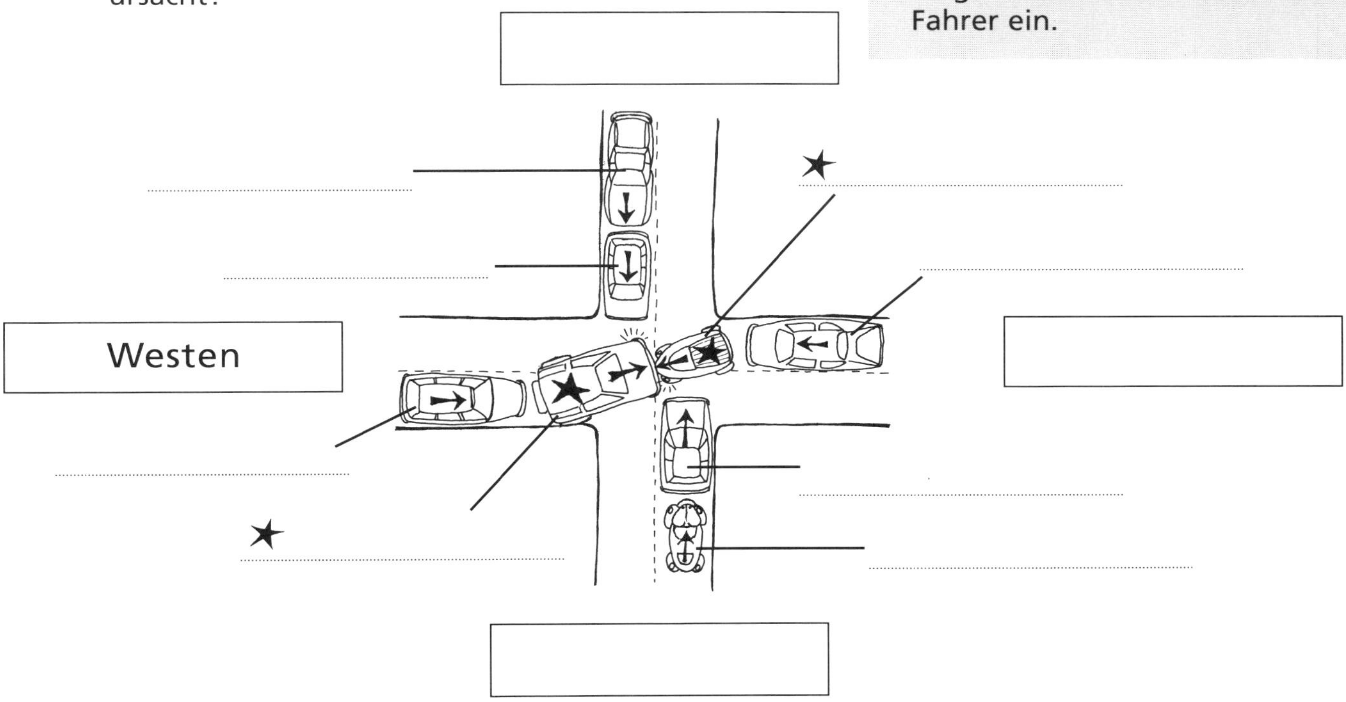

- Das östlichste Auto ist grau.
- Östlich vom gelben Auto steht ein blaues Auto.
- Das grüne Auto kommt von Süden.
- Das graue Auto steht nicht hinter oder vor dem blauen Auto.
- Das rosa Auto kommt nicht von Norden.
- Das orange Auto steht vor dem schwarzen Auto.
- Vor dem grünen Auto steht ein rotes Auto.
- Frau Ziege fährt ein gelbes Auto.
- Herr Rabe fährt kein schwarzes Auto.
- Frau Froschs Auto steht hinter dem Auto von Herrn Hase.
- Von Norden kommen Frau Fuchs und Herr Rabe.
- Herr Igel ist auch Verkehrsteilnehmer.
- Frau Frosch fährt entweder ein blaues oder ein grünes Auto.
- Herrn Löwes Auto ist weder grau noch blau.
- Mister Maus' Auto ist nicht blau.

Das Verkehrschaos wurde verursacht durch ....

im .... Auto und durch ....

im .... Auto.

Die zwei Ziegen

Dieses Logical ist sehr anspruchsvoll und kann nicht von allen Schülerinnen und Schülern selbstständig gelöst werden. Neben logischem Denken wird auch genau differenzierendes Lesen verlangt.

Das Verkehrschaos wurde verursacht durch **Herrn Igel** im **blauen** Auto und **Herrn Löwe** im **rosa** Auto.

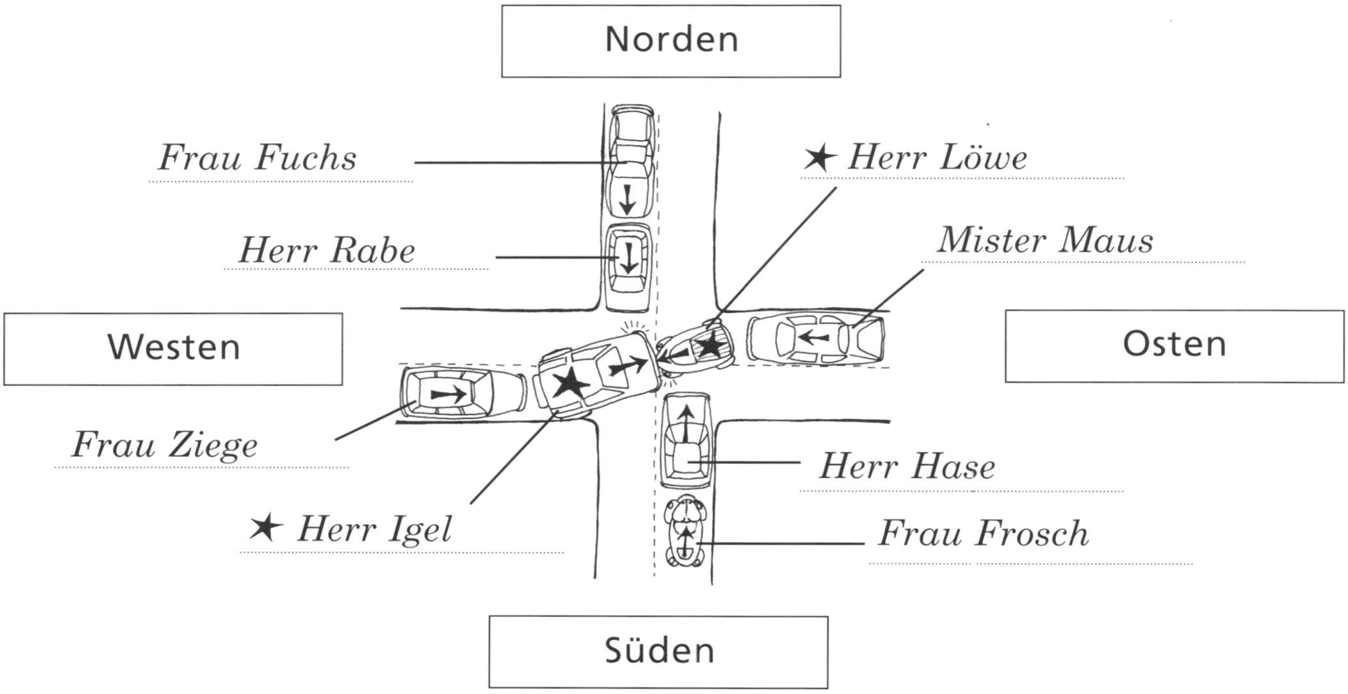

Der Hund und das Stück Fleisch

Einst ergatterte ein Hund ein Stück Fleisch und stahl sich damit davon. Wie er an einen Fluss kam, sah er sein eigenes Spiegelbild im Wasser. „Ha, ein anderer mit einem großen Stück Fleisch! Ich will mit ihm darum kämpfen!", dachte der Hund. In seiner Gier sprang er ins Wasser. Doch wie er nach seinem Spiegelbild schnappen wollte, zerrann es, und er verlor auch sein eigenes Stück Fleisch dabei. Beinahe wäre er ertrunken. Nur mit großer Mühe konnte er das Ufer wieder erreichen.

(nach Phädrus und Jean de La Fontaine)

Diese Fabel erzählten sich schon die Griechen und die Römer vor mehr als 2000 Jahren.
Eine ihrer Lebensweisheiten lautete: „Halte Maß!"

- Was bedeutet das?
- Erzähle von jemandem, der oder die Maß hält.
- Erzähle von jemandem, der oder die nicht Maß hält.

In der Fabel wird der Hund nicht beschrieben. Durch seine Überlegungen und Handlungen verrät er aber allerlei über sich selbst.

- Unterstreiche die Adjektive, die zu ihm passen: neidisch, stolz, gierig, hochmütig, jähzornig, gefräßig, dumm, faul, diebisch, geizig, eifersüchtig
- Welches Adjektiv passt deiner Meinung am besten? Unterstreiche es doppelt.
- Wie würdest du die Moral dieser Fabel in zwei Sätzen aufschreiben?

Der Hund und das Stück Fleisch

Lies zuerst den vollständigen Text dieser Fabel auf dem Arbeitsblatt 6A. Drehe es dann um und schreibe nun die fehlenden Wörter ins Kreuzworträtsel.

Einst ……(5)…… ein Hund ein Stück ……(7)…… und stahl sich damit davon. Wie er an einen ……(10)…… kam, ……(1)…… er sein ……(5)…… ……(12)…… im Wasser. „Ha, ein ……(4)…… mit einem großen Stück ……(7)……! Ich will mit ihm darum ……(2)……!", ……(11)…… der Hund. In seiner ……(3)…… sprang er ins Wasser. Doch wie er nach seinem ……(12)…… schnappen wollte, zerrann es, und er verlor auch sein ……(6)…… Stück ……(7)…… dabei. ……(8)…… wäre er ertrunken. Nur mit großer Mühe konnte er das Ufer wieder ……(9)…… .

Trage die fehlenden Wörter ins Kreuzworträtsel ein.

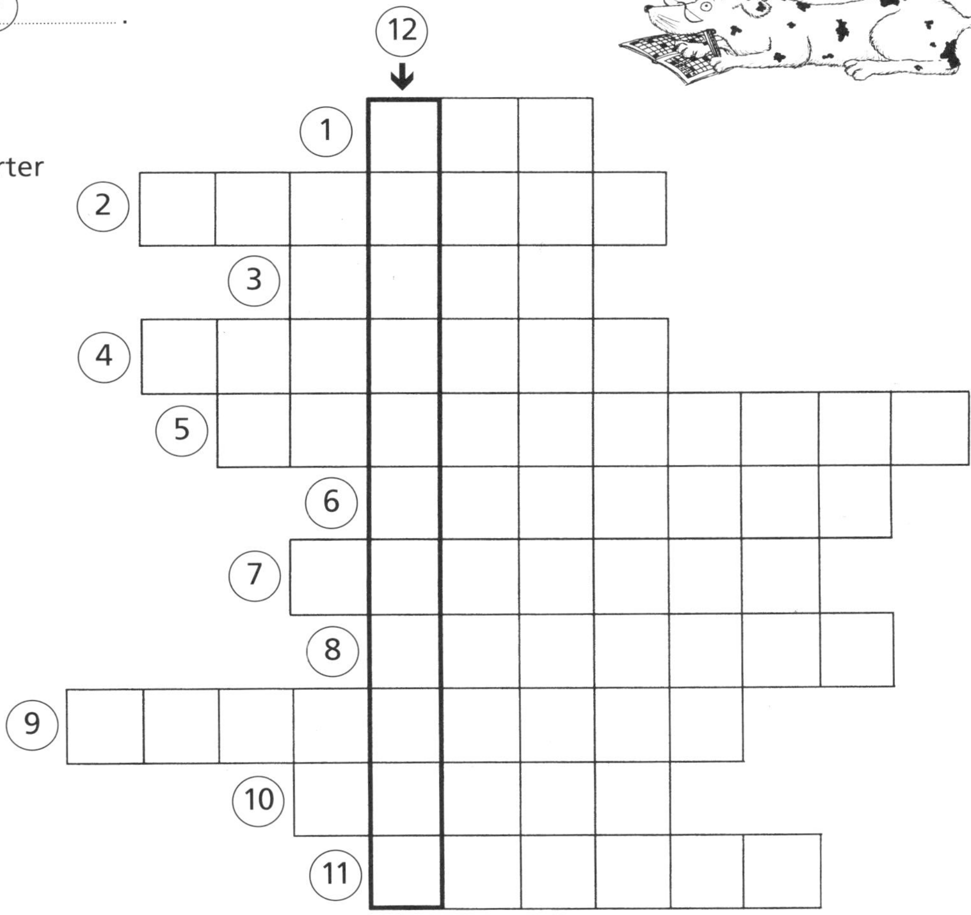

Der Hund und das Stück Fleisch

(12) ↓

Nr.												
1				S	A	H						
2		K	Ä	M	P	F	E	N				
3			G	I	E	R						
4		A	N	D	E	R	E	R				
5			E	R	G	A	T	T	E	R	T	E
6					E	I	G	E	N	E	S	
7				F	L	E	I	S	C	H		
8					B	E	I	N	A	H	E	
9	E	R	R	E	I	C	H	E	N			
10				F	L	U	S	S				
11					D	A	C	H	T	E		

Die Stadtmaus und die Landmaus

Einst besuchte Vetter Stadtmaus seinen Vetter Landmaus auf den Feldern draußen. Vetter Landmaus tischte dem Gast seine besten Vorräte auf: die dicksten Haferkörner und eine bis jetzt aufgesparte Erbse. Die verwöhnte Stadtmaus knabberte kaum daran und meinte dann: „Sag einmal, willst du nicht dieses raue Landleben aufgeben und zu mir in die Stadt ziehen, wo Menschen leben? Dort gibt es die besten Esswaren in Hülle und Fülle." Vetter Landmaus beschloss mitzugehen, und so machten sie sich zusammen auf den Weg. Die Stadtmaus führte die Landmaus in ein vornehmes Haus. Dort fanden sie auf einem reich gedeckten Tisch die Überreste eines Festmahls vor. Noch nie hatte Vetter Landmaus so feine Dinge gekostet. Er schwelgte in den feinsten Speisen, als er plötzlich hinter sich ein Geräusch hörte und sah, wie sein Vetter blitzschnell in einem Mauseloch verschwand. Mit knapper Not schaffte er es auch ins Mauseloch und entrann so um ein Haar der Katze. Geduldig wartete die Stadtmaus, bis die Katze sich wieder verzogen hatte und wollte dann weiteressen. Vetter Landmaus aber erklärte: „Mein lieber Vetter, das ist mir viel zu aufregend! Lieber lebe ich ärmlich auf dem Land und esse einfache Dinge, als dass ich solche Ängste ausstehen muss!" Und so zog Vetter Landmaus wieder auf seine Felder hinaus und führte ein einfaches, aber ruhiges Leben.

(nach Horaz und Jean de La Fontaine)

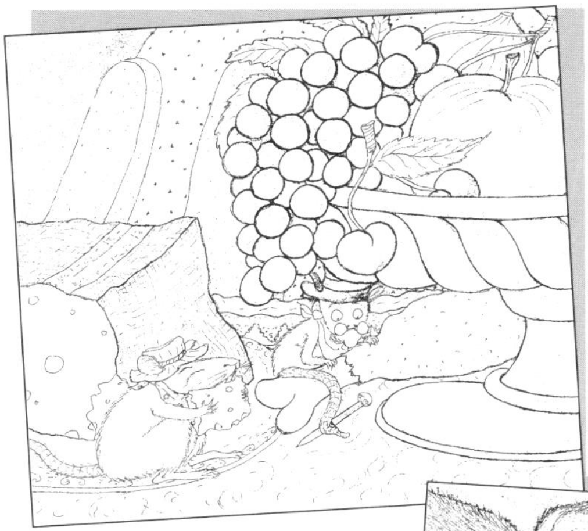

Die Stadtmaus und die Landmaus

Von der Stadtmaus und der Landmaus gibt es in der Literatur mehrere Versionen, angefangen bei Horaz (65 bis 8 v. Chr. in Satiren II, 6, 80–117) bis zu neuesten Bilderbucherscheinungen. Die Fabel dürfte den meisten Kindern schon bekannt sein. Sie ist in der Regel sehr beliebt und eignet sich gut zum Umsetzen in Bilder. Das Arbeitsblatt 7B kann als Vorbereitung dafür eingesetzt werden. Die Kinder überlegen sich dabei, was für Kostüme die Menschen/Mäuse in anderen Zeiten trugen.
Natürlich lässt sich diese Geschichte nicht nur in andere Zeiten, sondern auch in andere Länder und Kulturen übertragen. In jedem Fall ist es interessant, Nachforschungen über Lebensgewohnheiten, Kleider und Nahrung anzustellen. Auch sollten zuvor naturgetreue Bilder von Mäusen oder Ratten angeschaut werden, damit keine schematisierten Comics-Mäuse entstehen.

Die Stadtmaus und die Landmaus

Die Fabel von der Stadt- und der Landmaus erzählten sich die Römer schon vor mehr als 2000 Jahren. Auch der französische Fabeldichter Jean de La Fontaine erzählte sie vor etwa 300 Jahren am Hof des französischen Königs. Und auch heute noch ist sie sehr beliebt. Natürlich trugen die Mäuse zu verschiedenen Zeiten verschiedene Kleider. Hilf den Landmäusen und den Stadtmäusen, sich den Zeiten entsprechend zu kostümieren, und trage die richtigen Buchstaben in die Kästchen ein. Wenn du sie in der richtigen Reihenfolge liest, erhältst du den Titel zu dieser Aufgabe.

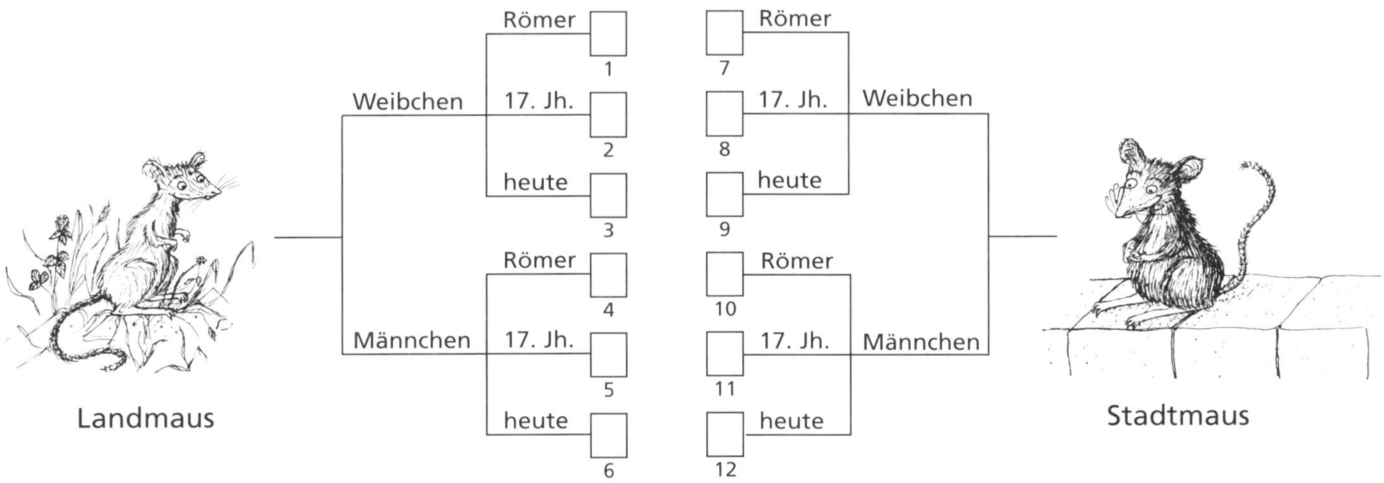

Der Titel lautet: ☐ ☐ ☐ ☐ ☐ ☐ ☐ ☐ ☐ ☐ ☐ ☐
1 2 3 4 5 6 7 8 9 10 11 12

Die Stadtmaus und die Landmaus

Der Titel lautet:

MODE FÜR MÄUSE

Der Frosch und der Ochse

Ein eingebildeter Frosch saß mit seinen Verwandten auf einem Seerosenblatt im Teich und prahlte: „Ich bin der Größte!" Da sah er am Ufer einen Ochsen weiden. Es packte ihn der Neid auf eine solche Größe. Er blies sich in seiner Faltenhaut auf und fragte dann seine Verwandten: „Bin ich jetzt größer als der Ochse?" Sie antworteten: „Nein, der Ochse ist größer als du." Da strengte sich der Frosch noch viel mehr an, sich aufzublasen. „Wer ist jetzt größer?", fragte er wieder.

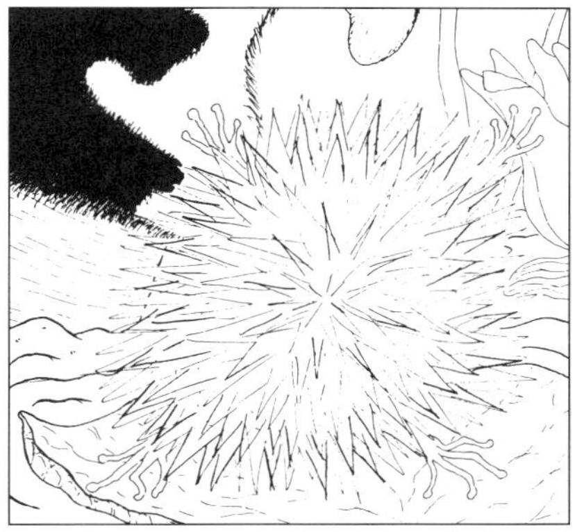

„Der Ochse ist größer!" quakten die andern. Zu guter Letzt blähte er sich voll Zorn so gewaltig auf, dass er platzte! Den Ochsen störte das kaum.

(nach Phädrus)

Diese Fabel wurde seit mehr als 2000 Jahren viele Male aufgeschrieben. Eine Version schrieb der römische Dichter Babrios:

Ochse und Frosch

Einst zertrat ein Ochse beim Tränken ein Froschjunges. Als es nicht zurückkam, erschien sofort die Froschmutter. Sie fragte die Geschwister, wo das Kind sei. „Ach, Mutter, es ist tot! Es geschah eben erst jetzt, als ein schreckliches, vierfüßiges Riesentier vorbeikam und es mit seinem Huf zertrat." Die Alte pustete sich auf und fragte sogleich: „War das Tier wohl so groß? Oder war es so groß?" Da baten sie die Mutter: „Hör auf! Blähe dich nicht weiter auf, sonst wirst du noch mitten drin platzen! Mit dem großen Tier kannst du dich nie messen."

Wie alle Fabeln lehrt uns auch diese Fabel etwas.

- Wie würdest du die Lehre in einem Satz formulieren?
- Kennst du die Redensart „So ein aufgeblasener Typ"? Wen meint man damit?
- Erzähle diese Fabel und ersetze dabei den Frosch durch einen bestimmten Menschen (Charaktertyp, Beruf, Aussehen) und ersetze auch den Ochsen durch einen bestimmten Menschen. Denk dabei daran, dass der Ochse nicht unbedingt körperlich größer sein muss, und dass auch das „Sich-Aufblasen" nicht wörtlich gemeint ist.

- Hast du schon einmal einen Frosch gesehen, der sich aufblähte, und weißt du, warum die Frösche das machen?
- Wie unterscheiden sich Laubfrosch und Grasfrosch, wenn sie sich aufblähen?

Der Frosch und der Ochse

Die Froschmännchen blähen sich auf, um Töne zu erzeugen. Je lauter ein Männchen quakt, umso mehr beeindruckt es die Weibchen. Eines der Weibchen wird dann das Männchen auswählen, damit es die abgelegten Eier besamt. Der Grasfrosch und der Wasserfrosch haben links und rechts am Kopf zwei Schallblasen, die sie aufblasen. Der Laubfrosch besitzt eine einzige Blase an der Kehle, die er zu beeindruckender Größe (fast so groß wie der Frosch selbst) aufblasen kann. Die Blasen wirken wie Resonanzkörper und verstärken den Ton.

Der Frosch und der Ochse

- Lies zuerst aufmerksam den Fabeltext auf dem Arbeitsblatt 8A. Drehe dann das Blatt 8A um.
- Lies nun den Text unten: 24 Wörter stimmen nicht.
- Streiche sie durch und schreibe die richtigen darüber.
- Male als Zählkontrolle für jedes verbesserte Wort ein Seerosenblatt oder eine ganze Blüte an.

Ein eingebundener Frosch saß mit seinen Verwandelten auf einem

Seegrasblatt im Deich und prallte immer: „Ich bin der Grünste!"

Da sah er am Ufer einen Bock weiden. Es packte ihn der Stolz auf

eine solche Blöße. Er blieb sich in seiner Falkenhaut auf und

fragte dann seine Verwundeten: „Bin ich jetzt gröber als der

Stier?" Sie antworteten: „Nein!" Da streckte sich der Frosch

noch viel mehr an, sich aufzublöken: „Wer ist jetzt böser?", fragte

er wieder. „Der Hengst ist grauer!", quakten die andern.

Zu guter Letzt bläute er sich voll Horn so gewaltig auf, dass er

kratzte! Den Hirsch starrte das kaum.

Der Frosch und der Ochse

Ein ~~eingebundener~~ *eingebildeter* Frosch saß mit seinen ~~Verwandelten~~ *Verwandten* auf einem See~~gras~~*rosen*blatt im ~~Deich~~ *Teich* und ~~prallte~~ *prahlte* immer: „Ich bin der ~~Grünste~~ *Größte*!" Da sah er am Ufer einen ~~Bock~~ *Ochsen* weiden. Es packte ihn der ~~Stolz~~ *Neid* auf eine solche ~~Blöße~~ *Größe*. Er ~~blieb~~ *blies* sich in seiner ~~Falkenhaut~~ *Faltenhaut* auf und fragte dann seine ~~Verwundeten~~ *Verwandten*: „Bin ich jetzt ~~gröber~~ *größer* als der ~~Stier~~ *Ochse*?" Sie antworteten: „Nein!" Da ~~streckte~~ *strengte* sich der Frosch noch viel mehr an, sich ~~aufzublöken~~ *aufzublasen*: „Wer ist jetzt ~~böser?~~ *größer*?", fragte er wieder. „Der ~~Hengst~~ *Ochse* ist ~~grauer~~ *größer*!", ~~quakten~~ die andern. Zu guter Letzt ~~bläute~~ *blähte* er sich voll ~~Horn~~ *Zorn* so gewaltig auf, dass er ~~kratzte~~ *platzte*! Den ~~Hirsch~~ *Ochsen* ~~starrte~~ *störte* das kaum.

D er Löwe und der Bär kämpften um ein Stück einer Beute, die sie gemeinsam erlegt hatten. Sie richteten sich gegenseitig übel zu. Bis zum Schluss konnten sie nicht mehr und lagen halb tot auf dem Platz. Da kam der Fuchs vorbei. Wie er die beiden erschöpft daliegen sah und zwischen ihnen das Fleisch, packte er es und ging damit davon. Die beiden andern konnten sich nicht mehr erheben und sagten: „Das haben wir nun davon! Wir haben für den Fuchs gekämpft."
Die Fabel lehrt: Wer sieht, wie der Erstbeste den Ertrag seiner Mühen mit fortnimmt, hat guten Grund empört zu sein. (Äsop, 6. Jahrhundert v. Chr.)

Der Löwe, der Bär und der Fuchs

Im letzten Satz hat der Dichter die Lehre dieser Fabel aufgeschrieben.

- Formuliere sie in einfacheren Worten.
- Kennst du auch noch eine andere Lehre, die zu dieser Geschichte passen würde? Schreibe sie auf.

Der Löwe, der Bär und der Fuchs

Eine zu dieser Fabel passende Moral ist das bekannte Sprichwort: „Wenn zwei sich streiten, freut sich der Dritte".

Der Löwe, der Bär und der Fuchs

Wir basteln Handpuppen für das Kasperletheater.

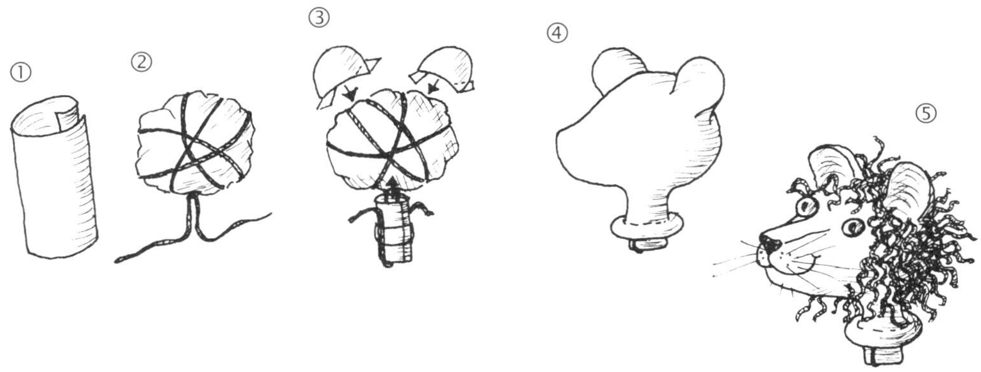

Material für den Kopf

- **dünner Karton**
- **Zeitungspapier**
- **Schnur**
- **Schubimehl**

① Forme aus dem dünnen Karton ein Röllchen für deinen Zeigefinger.

② Knäule Zeitungspapier so zusammen, dass du eine Grundform für den Kopf deines Tiers erhältst. Sie soll nicht größer sein als deine Faust.

③ Umwickle diese Grundform mit Schnur, ziehe die Schnurenden durch das Röllchen und befestige sie mit Klebstreifen daran.

Setze eventuell Ohren aus dünnem Karton an.

④ Rühre das Schubimehl an (befolge die Anleitung in der Packung).

Streiche die Modelliermasse nicht zu dick auf die Grundform, auch auf den Hals.

Forme die Ohren und modelliere die Schnauze mit den Lefzen. Bring am unteren Halsrand einen Wulst an, damit du später das Kleid am Kopf befestigen kannst.

Du kannst jederzeit weitere Modelliermasse anfügen, auch wenn der Kopf trocken ist. Den trockenen Kopf kannst du weiter bearbeiten wie Holz, du kannst daran raspeln, feilen oder schleifen, bis er dir gefällt.

⑤ Wenn der Kopf vollständig trocken ist, bemalst du ihn mit Gouache- oder mit Plakatfarben.

Als Augen kannst du Knöpfe, Perlen, Tieraugen oder kleine Murmeln einsetzen.

Als Mähne verwendest du Pelz oder Wolle.

Besenhaare eignen sich gut für Schnurrbärte (mit feinem Bohrer Löcher in die Schnauze bohren).

Material für den Körper

- **Stoff, Filz oder dünner Kunstpelz**
- **Stecknadeln**
- **Nadel und Faden**

- Das Schnittmuster ausschneiden und auf den Stoff heften
- den Stoff zuschneiden; Nahtzugabe nicht vergessen: 0.5 cm rundherum, 1.5 cm am Halsausschnitt und am unteren Saum
- für den Fuchs auch einen Schwanz zuschneiden
- den Körper zusammennähen
- den Kragen und den Saum umlegen und nähen
- den Halsausschnitt mit groben Stichen umnähen, die beiden Fadenenden (je etwa 10 cm) lose lassen
- Den Körper befestigst du am Kopf, indem du den Faden am Halsausschnitt über dem Halswulst zusammenziehst und dann verknüpfst.

Jetzt können sich immer ein Löwe, ein Bär und ein Fuchs zusammentun und das Theaterstück vorbereiten und üben.

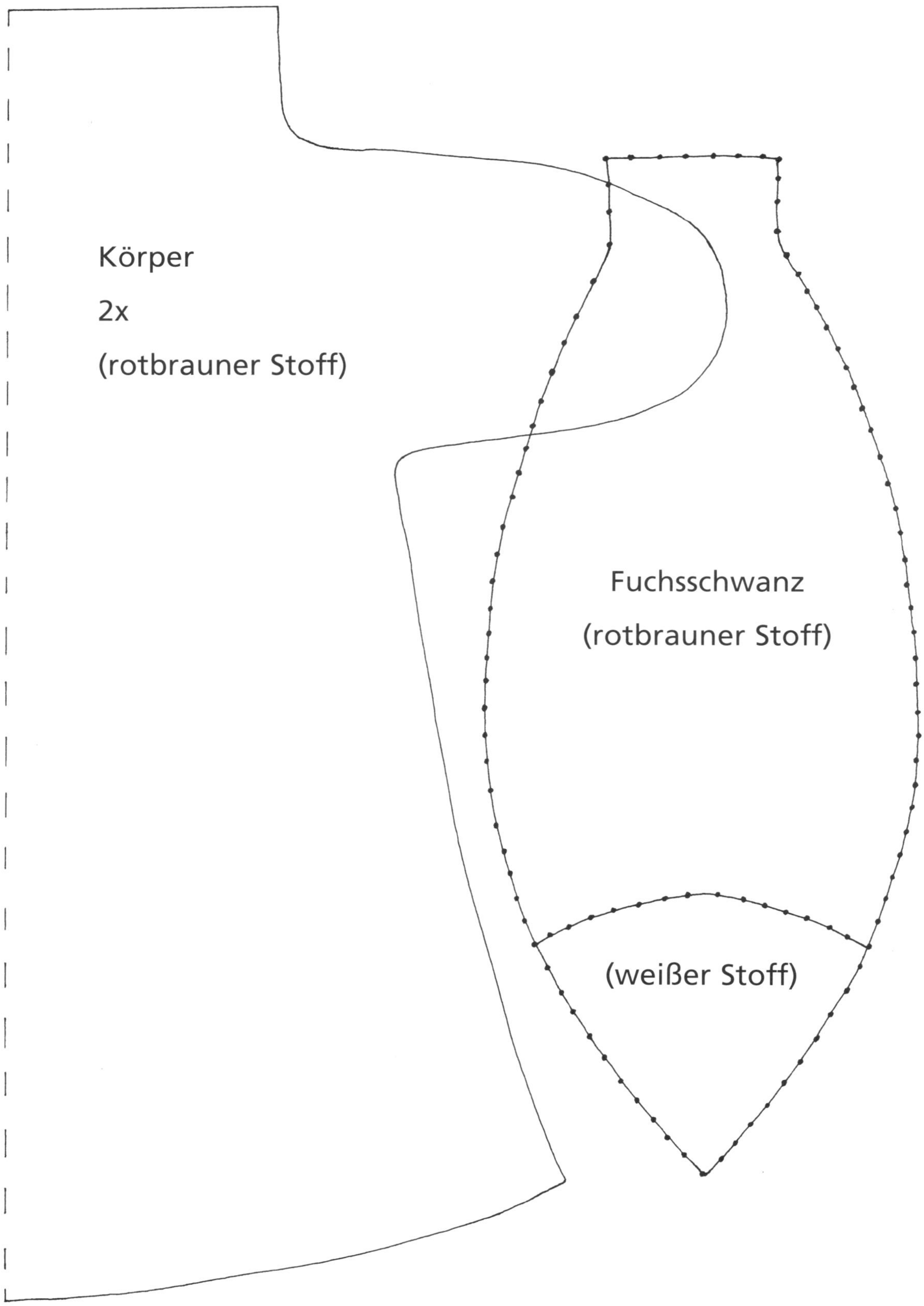
Körper
2x
(rotbrauner Stoff)
Fuchsschwanz
(rotbrauner Stoff)
(weißer Stoff)

Die Krähe und die Pfauen

3 Versionen

Der Schönheitswettbewerb der Vögel

Zeus* hatte beschlossen, unter den Vögeln einen König zu wählen. Er berief deshalb eine Versammlung ein, an der er den schönsten Vogel zum König machen wollte. Da flogen alle Vögel eilig zum Fluss, um sich dort zu putzen und zurechtzuzupfen. Auch die Krähe kam. Sie wusste, dass sie hässlich war. Darum sammelte sie die Federn ein, die den andern Vögeln beim Putzen ausgefallen waren, und steckte sie in ihr eigenes Gefieder. Nun sah sie viel bunter aus als alle andern Vögel. Sie gefiel Zeus am besten und er wollte sie zur Königin krönen. Die andern Vögel gerieten darüber in Zorn. Sie stürzten sich auf die Krähe und entrissen ihr die bunten Federn. Die Krähe war nun wieder eine Krähe. (Äsop, 6. Jahrhundert v. Chr.)

*Zeus war der höchste Gott der Griechen

Krähe und Pfau

Einst ergriff eine eitle, stolze Krähe die Federn, die ein Pfau verloren hatte, und schmückte sich damit selbst. Von nun an verachtete sie die anderen Krähen und ging zu den farbenprächtigen Pfauen. Doch diese entrissen der Unverschämten sogleich den fremden Schmuck und hackten auf sie ein. Übel zerzaust und reumütig wollte sie wieder zu ihrem eigenen Volk zurückkehren, doch dort wies man sie ab, und sie musste traurige Beschimpfungen über sich ergehen lassen. Eine der vorher verachteten Krähen sagte nun: „Wärst du zufrieden gewesen mit der Heimat und mit dem Gefieder, das die Natur dir gegeben hatte, dann müsstest du nun nicht diese Schande erleben. Und dein eigenes Volk hätte dich nicht verstoßen."

(Phädrus, 1. Jahrhundert n. Chr.)

Die Pfauen und die Krähen

Eine stolze Krähe schmückte sich mit den ausgefallenen Federn der farbigen Pfauen und mischte sich kühn, als sie genug geschmückt zu sein glaubte, unter diese glänzenden Vögel der Juno*. Sie ward erkannt, und schnell fielen die Pfauen mit scharfen Schnäbeln auf sie, ihr den betrügerischen Putz auszureißen. „Lasset nach!", schrie sie endlich. „Ihr habt nun alle das Eurige wieder." Doch die Pfauen, welche einige von den eigenen glänzenden Schwingfedern der Krähe bemerkt hatten, versetzten: „Schweig, armselige Närrin; auch diese können nicht dein sein!", und hackten weiter. (G. E. Lessing, 1729 bis 1781)

* Juno: höchste römische Göttin. Sie war die Göttin des Haushalts. Ihr Symbol war der Pfau.

Jetzt kennst du die Redensart „sich mit fremden Federn schmücken". Was bedeutet sie? Denk daran, dass mit „fremden Federn" nicht nur Schmuck oder Kleider gemeint sind.

Die Krähe und die Pfauen

Diese Fabel gibt es in vielen Versionen. Der Einfachheit halber haben wir in den ausgewählten Fassungen stets die Krähe als schlichten Vogel eingesetzt, auch wenn in der Antike zum Teil die Dohle diese Rolle übernahm.
Lessings Fabel wurde nicht vereinfacht.

„Sich mit fremden Federn schmücken" bedeutet, sich etwas, das einem nicht gehört oder das man nicht selbst geleistet hat, unverdient anzueignen und damit zu prahlen. Der Ursprung dieser Redensart liegt in diesen Fabeln.

Die Krähe und die Pfauen

Lies die verschiedenen Texte auf dem Arbeitsblatt 10A sorgfältig durch. Lies dann die folgenden Fragen und Antworten. Du sollst zu jeder Frage die richtige Antwort bestimmen.

Suche dann die dort angegebenen Zahlen unten im Zahlenfeld und verbinde sie miteinander mit geraden Bleistiftstrichen.

Wenn du die richtigen Antworten gefunden hast, erhältst du ein Bild.

Im Schönheitswettbewerb der Vögel schmückt sich die Krähe
- mit Pfauenfedern.
  71 – 72 – 61 – 33
- mit Federn von verschiedenen Vögeln.
  20 – 37 – 33 – 57

Was stimmt?
- Die Pfauen rupfen der Krähe Federn aus.
  98 – 99 – 100 – 101
- Die Krähe rupft den Pfauen Federn aus.
  83 – 84 – 85 – 76

Was stimmt?
- Die Krähe wird als stolz bezeichnet.
  27 – 45 – 66 – 89
- Sie wird als neidisch bezeichnet.
  43 – 53 – 54 – 46

Die Pfauen hatten die Krähe erkannt, weil
- sie sich durch ihre Stimme verraten hatte.
  35 – 36 – 29 – 5
- sie doch nicht ganz so aussah wie ein Pfau.
  19 – 18 – 34 – 27

Die Krähe wird von den eigenen Artgenossen zum Schluss vertrieben, weil
- sie vorher die anderen Krähen verachtet hatte.
  37 – 47 – 56 – 57
- sie jetzt wie ein gerupfter Pfau aussah.
  78 – 56 – 38 – 31

„Sich mit fremden Federn schmücken" bedeutet:
- mit etwas angeben, das einem nicht gehört oder das man nicht selbst geleistet hat.
  100 – 78 – 70 – 61 – 57
- lieber Indianer als Cowboy spielen wollen.
  86 – 89 – 90 – 102

Der Dichter Jean de La Fontaine schrieb eine Nachdichtung zu dieser Fabel. Er zielte damit auf
- Leute, die von ihm abschrieben.
  19 – 11 – 4 – 20
- feine Damen, die gerne Federn auf den Hüten tragen.
  5 – 13 – 37 – 38

Die Krähe und die Pfauen

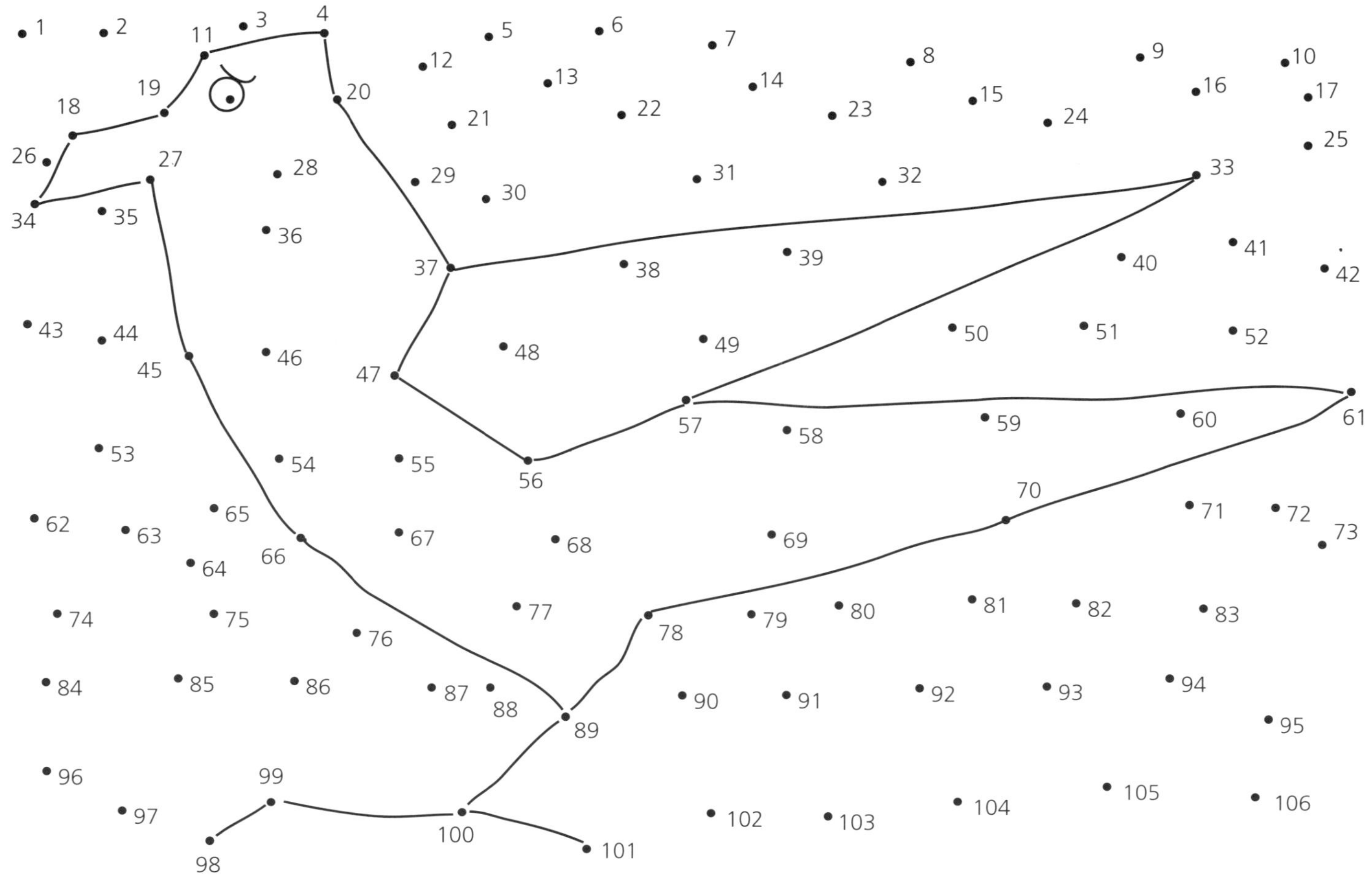

Im Schönheitswettbewerb der Vögel schmückt sich die Krähe

- mit Federn von verschiedenen Vögeln.
  20 – 37 – 33 – 57

Was stimmt?

- Die Pfauen rupfen der Krähe Federn aus.
  98 – 99 – 100 – 101

Was stimmt?

- Die Krähe wird als stolz bezeichnet.
  27 – 45 – 66 – 89

Die Pfauen hatten die Krähe erkannt, weil

- sie doch nicht ganz so aussah wie ein Pfau.
  19 – 18 – 34 – 27

Die Krähe wird von den eigenen Artgenossen zum Schluss vertrieben, weil

- sie vorher die anderen Krähen verachtet hatte.
  37 – 47 – 56 – 57

„Sich mit fremden Federn schmücken" bedeutet:

- mit etwas angeben, das einem nicht gehört oder das man nicht selbst geleistet hat.
  100 – 78 – 70 – 61 – 57

Der Dichter Jean de La Fontaine schrieb eine Nachdichtung zu dieser Fabel. Er zielte damit auf

- Leute, die von ihm abschrieben.
  19 – 11 – 4 – 20

Ein Wieselweibchen, schlank und zart von Körper, kroch
In eines Speichers Raum durch ein ganz enges Loch.
Von langer Krankheit just genesen,
Tats hier sich gütlich nicht gering;
Es schmauste nur, was auserlesen
Und gut und teuer ist gewesen -
Und, ach! Der schöne Speck, der dabei flöten ging!
So wurde bald das muntre Ding
Stark, üppig und von feistem Wesen.
Acht Tage drauf – sie saß beim Mahl soeben noch –
Da hört sie ein Geräusch; sie will hinaus zum Loch,
Allein sie kann nicht durch. Erst glaubt sie, aus Versehen
An einem falschen Loch zu sein;
Doch sagt sie: „Nein, hier ists! Ich kann es nicht verstehen,
Vor fünf, sechs Tagen kam ich grade hier herein!"
'ne Ratte, die das Schauspiel freute,
Sprach: „Damals war dein Wanst auch nicht so voll wie heute.
Wer mager kam, der geh auch mager! Der Bescheid
Ward manchem andern schon gegeben, sollt ich meinen;
Allein, vermengen wir, aus purer Gründlichkeit,
Nicht ihre Lage mit der deinen!"

(Jean de La Fontaine, Übersetzung: Ernst Dohm.

Das Wiesel im Speicher

Suche die Wörter 1 bis 6 oben im Fabeltext und unterstreiche sie.

- Die Wörter unten in der Mitte haben eine ähnliche Bedeutung wie diese 6 Wörter aus dem Text.
- Ordne sie richtig zu und setze die Buchstaben ein.
  Die richtige Reihenfolge ergibt, von oben nach unten gelesen, ein Lösungswort.

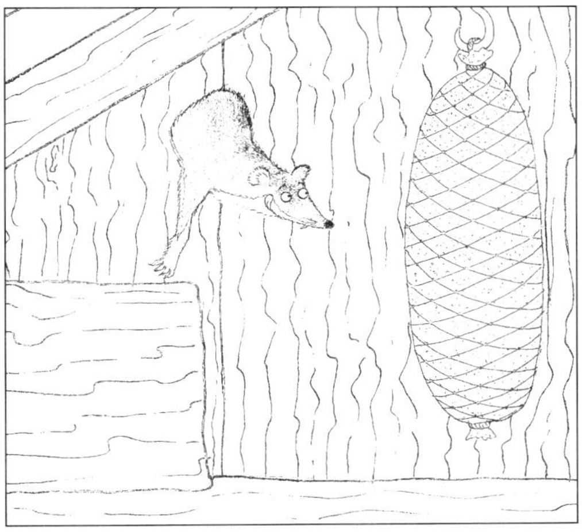

1	☐	just	E	mit rundlichen Formen
2	☐	das muntre Ding	E	dicker Bauch
3	☐	üppig	L	rein
4	☐	feist	I	das muntere Tierchen
5	☐	Wanst	W	eben gerade
6	☐	pur	S	dick, fett

Lösungswort:

☐☐☐☐☐☐☐

Das Wiesel im Speicher

Originalfabel von Jean de La Fontaine aus „Sämtliche Fabeln", dtv klassik, München 1995, übersetzt von Ernst Dohm.

Lösungswort: WIESEL

Wir basteln einen Speicher für das Wiesel und die Ratte

Dazu benötigst du:
- eine Schuhschachtel als Speicher
- Pappkarton für ein oder mehrere Wandregale (siehe Zeichnung)
- Schubimehl zum Modellieren von Schinken, Würsten, Früchten, Gemüse und anderen Vorräten
- Gouachefarben, um den Speicher innen und außen und die trockenen Vorräte anzumalen
- Stoffreste zum Nähen von Säckchen, die du mit Reis, Mais, Zucker, Salz usw. füllen kannst
- weitere „Lebensmittel" aus einem Kinder-Kaufladen

Vergiss nicht, für dein Wiesel ein passendes Loch in die Rückwand zu schneiden! Dein Daumen sollte gerade noch durchgehen.

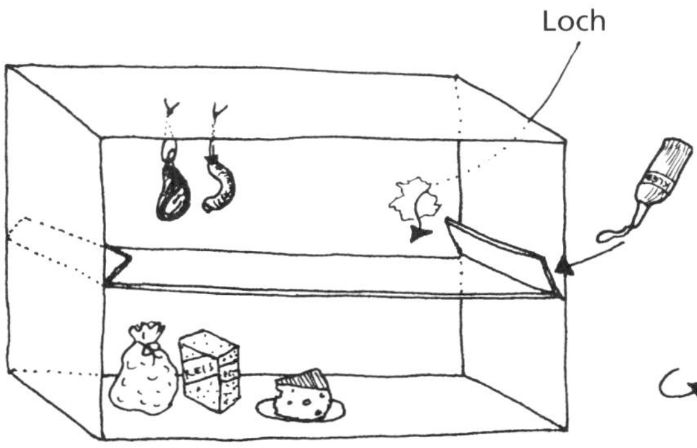

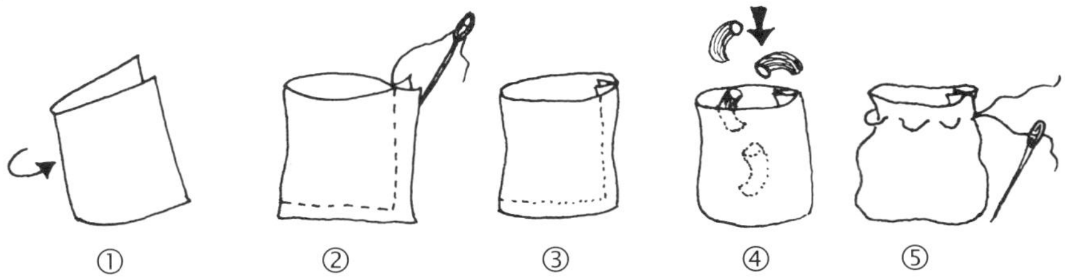

Wiesel und Ratte gestalten wir als Fingerpuppen

1. Schneide die Vorlagen für das Wiesel und die Ratte aus.
2. Lege sie auf den Filz (grau für die Ratte, braun für das Wiesel) und schneide ihn sorgfältig zu.
3. Nähe Vorder- und Rückteil mit feinen Stichen zusammen.
4. Vervollständige die Tiere:
   - Nimm Perlen für die Augen,
   - Schnur für den Rattenschwanz,
   - rosa Filzstücke für die Innenseite der Ohren,
   - ein weißes Filzstück für den Bauch des Wiesels
   - Bast oder Besenhaare für Schnurrbärte

Dein Wiesel wird dicker, wenn du seinen Bauch mit Watte ausstopfst oder zwei Finger in die Puppe steckst.
Probiere es aus! Nun kannst du die Geschichte vom Wiesel im Speicher jemandem vorspielen. Überlege dir zuerst, was Wiesel und Ratte miteinander reden und was sie im Speicher alles machen.

Das Wiesel im Speicher

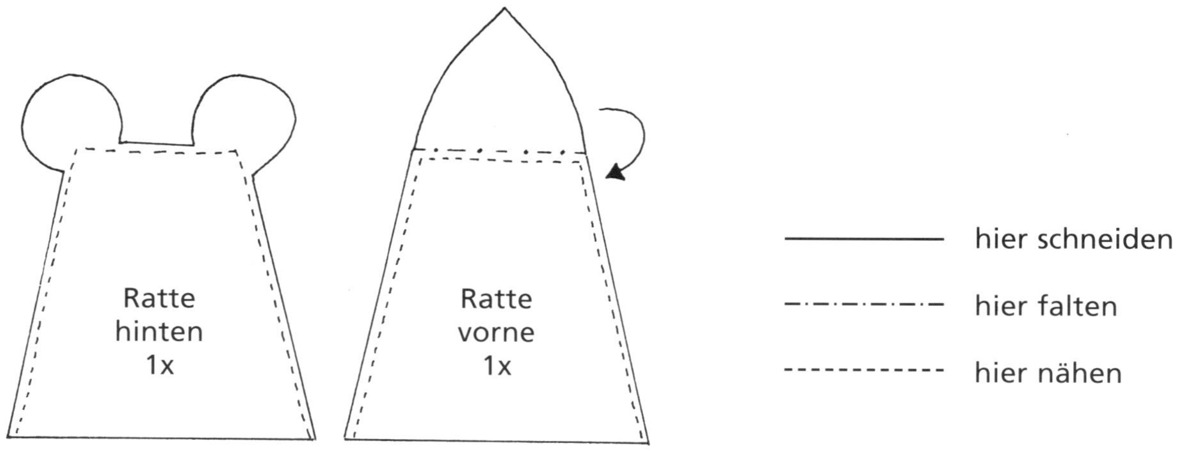

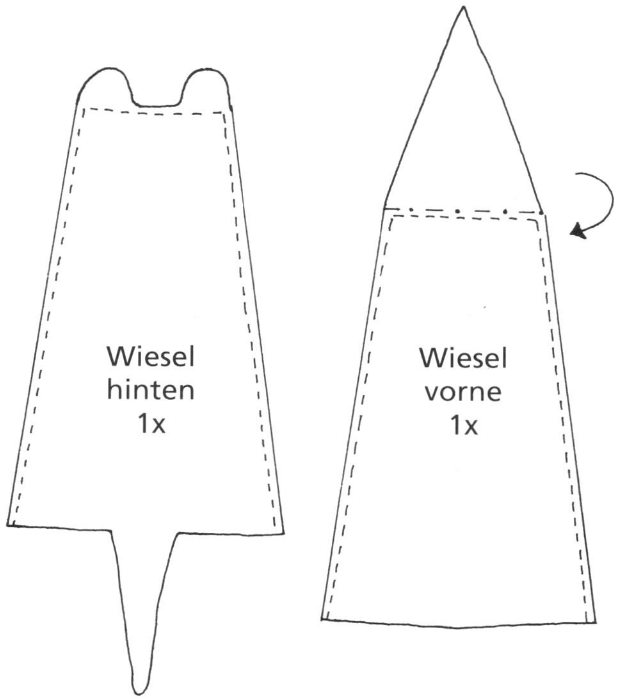

Die zwei Bären und der Affe

An einem schönen Sommertag gehen zwei Bären miteinander im Wald spazieren. Als Proviant tragen sie eine große Wurst mit sich. Wie es ums Picknicken geht, will der eine Bär die Wurst in der Mitte entzweibrechen, um sie zu teilen. Er stellt sich jedoch so ungeschickt an, dass er zwei ungleich große Stücke erhält. Beide Bären wollen natürlich das größere Stück haben, und sie beginnen miteinander zu streiten. Da kommt ein Affe hinzu. „Hallo, was habt ihr denn?", fragt er und unterbricht ihren Streit. Die beiden Bären erklären ihm, worum es geht. „Kein Problem!", sagt der Affe. „Da kann ich euch leicht helfen." Gesagt – getan: Der Affe beißt vom größeren Wurstteil ein rechtes Stück ab. Nun ist allerdings das größere Stück zum kleineren geworden, und beide Bären streiten jetzt um das andere Stück. „Da muss ich nochmals helfen", meint der Affe und nimmt wieder einen kräftigen Bissen, diesmal vom jetzt größeren Wurststück. „Jetzt ist aber dieses wieder kleiner als das andere", murren die Bären. „Bringe ich gleich in Ordnung!", beruhigt sie

der Affe und nimmt wieder einen zu großen Bissen vom größeren Wurststück. Und so macht er es in einem fort, bis nur noch zwei kleine Wurstzipfelchen übrig sind. „Die lohnt es sich nicht mehr zu teilen", meint er und verschlingt beide blitzschnell. Da merken die zwei Bären langsam, dass der Affe sie angeführt hat. Aber der dreht ihnen schon eine lange Nase und verschwindet flink zwischen den Bäumen.

- Kreuze bei den Fragen a und b die richtige Antwort an.

Frage a: Warum ließen sich die beiden Bären auf den Vorschlag des Affen ein?

- ☐ Weil jeder ein genau gleich großes Stück Wurst wollte.
- ☐ Weil sie mit dem Affen teilen wollten.

Frage b: Warum hat der Affe zu große Bissen genommen?

- ☐ Weil er nicht anders konnte.
- ☐ Weil er besonders schlau war und die ganze Wurst für sich wollte.

- Wie hätten die beiden Bären verhindern können, dass der Affe ihnen alles wegfrisst?

Die zwei Bären und der Affe

Diese Fabel verstehen auch schon jüngere Kinder. Sie eignet sich besonders gut für die Erarbeitung von Rollenspielen (siehe Arbeitsblatt 12B), denn ihr klarer, humorvoller Handlungsablauf bietet die Möglichkeit zu vielen Dialogen und lässt sich auch spielerisch gut ausbauen. Als Hilfe ist der Text im Präsens wiedergegeben.

Quelle unbekannt

Ein bewährtes Rezept für gerechtes Teilen: Der eine darf teilen, der andere darf als Erster ein Stück wählen.

Die zwei Bären und der Affe

Wir führen die Fabel von den zwei Bären als Theater auf. Dazu müssen wir uns zuerst einiges überlegen:

Wie sind diese Tiere? Füllt zu dritt die Tabelle nach eurer Fantasie aus.

	Bär 1	Bär 2	Affe
Name			
Beruf			
Alter			
beste Eigenschaft			
schlechteste Eigenschaft			
weitere Eigenschaften			
Sprechweise			
Kleidung			

1. Wo spielt unsere Fabel?
2. Was für Requisiten (Theatergegenstände) brauchen wir?
3. Zu welcher Tageszeit spielt die Fabel?
4. Übernehmen wir alles aus der Fabel oder ändern wir Dinge ab (z. B. Käse oder Schokolade statt Wurst, andere Tiere oder Menschen statt Bären und Affe)?
5. Was sagen die Tiere zueinander? Schreibt ihr Gespräch auf.
6. Was denken und fühlen die Tiere?

Die zwei Bären und der Affe

Das Arbeitsblatt 12B dient als Vorbereitung zur Erarbeitung eines Rollenspiels. Es kann natürlich, leicht abgeändert, für jedes andere Rollenspiel auch eingesetzt werden, da die Grundüberlegungen dieselben bleiben.

Für die Herstellung von Tiermasken eignen sich besonders die Vorlagen „Lustige Tiermasken", SCHUBI, Bestellnummer 508 03.

Das Mäuschen, die Katze und der Hahn

Ein kleines, unerfahrenes Mäuschen macht seine erste Entdeckungsreise allein durch den Hof. Von weitem sieht es ein hübsches Tier mit weichem Fell, samtigen Pfoten und freundlichem Aussehen. „Ich will es kennen lernen und ihm guten Tag sagen", denkt das Mäuschen und geht auf das Tier zu. Da begegnet es einem anderen Tier von schrecklichem Aussehen: mit spitzem Schnabel, riesigen Krallen und einem gezackten Fleischlappen auf dem Kopf. Und zu allem Schreck beginnt das Tier mit den Flügeln zu schlagen und markdurchdringend zu krähen. Voller Angst rennt das Mäuschen, so schnell es kann, zurück ins Mauseloch zu seiner Mutter. Atemlos erzählt es ihr von seinen Abenteuern im Hof: „Zuerst habe ich ein liebes, hübsches Tier gesehen, ein Tier mit weichem Fell und samtigen Pfoten. Es sah ganz freundlich aus, mit zwei Ohren und Schnurrbart, ganz ähnlich wie wir. Ich wollte mich ihm schon nähern, da kam ein ganz grässliches Tier auf mich zu, ein Tier mit einem spitzigen, gefährlichen Schnabel, mit riesigen Krallen und einem

gezackten, roten Helm. Und seine fürchterliche Stimme ließ mich erstarren. Aber dann bin ich ganz schnell zu dir nach Hause gerannt und konnte mich so retten."

„Du großes, großes Dummerchen", sagte die Mausmutter und umarmte ihr Junges. „Das erste Tier, das du gesehen hast und das dir so freundlich schien, das ist die Katze. Sie ist unser größter Feind. Sie tötet alle Mäuse, groß und klein. Das zweite Tier hingegen, das ist der Hahn. Er sieht zwar Furcht erregend aus, aber er tut uns nichts, sondern lebt nur von Körnern und von Würmern. Im Gegenteil, manchmal essen wir ihn, wenn wir ein abgenagtes Hühnerbeinchen aus den Abfällen der Bauernfamilie erwischen. Pass auf, mein Mäuschen, dass du, solange du lebst, nie die Leute nach ihrem Aussehen beurteilst!"

(nach Jean de La Fontaine)

Wenn jemand sich schon nach dem ersten Blick über jemanden oder über etwas eine Meinung bildet, sagt man, er habe ein Vorurteil.

- Was für Vorurteile hatte das Mäuschen?
- Wer macht dir nur wegen seines oder ihres Aussehens Angst oder hat dir früher Angst gemacht?
- Vor wem hast du keine Angst gehabt, nur weil er oder sie ungefährlich aussah?
- Gibt es jemanden, den du nicht fürchtest, obwohl er oder sie gefährlich aussieht? Warum hast du keine Angst?
- Wie kann man wissen, vor wem man sich wirklich in Acht nehmen muss?

Das Mäuschen, die Katze und der Hahn

Diese Fabel eignet sich schon für jüngere Kinder, um über die Themen Vorurteile, Rassismus und Fremdenfeindlichkeit zu diskutieren und der Frage nachzugehen, was uns am Fremden Angst macht.

Das Mäuschen, die Katze und der Hahn

Wir gestalten die Fabel als musikalisches Stück.

- Bildet Gruppen aus je 5 Kindern.
- Lest miteinander die Fabel auf dem Arbeitsblatt 13A und erklärt euch gegenseitig die Wörter, die ihr nicht versteht.
- Ordnet die Verben im Kästchen demjenigen Tier zu, zu welchem sie am besten passen: zum Mäuschen, zur Mausmutter, zur Katze oder zum Hahn.
- Übermalt die Verben in den folgenden Farben:

braun für das Mäuschen
grau für die Mausmutter
rot für die Katze
grün für den Hahn

erforschen	krähen
anschleichen	miauen
stolzieren	sich lecken
belehren	trösten
fliehen	erzählen
erschrecken	scharren
schnurren	zittern
picken	ermahnen

Schreibt für jedes der vier Tiere noch zwei weitere zutreffende Verben auf und übermalt sie mit den entsprechenden Farben.

Wählt zu jedem Tier ein Musikinstrument, das gut zu ihm passt, mit welchem ihr das, was es tut, in Klang und Rhythmus darstellen könnt. Probiert zusammen aus!

Verteilt nun die vier Rollen unter euch und stellt die verschiedenen Tätigkeiten eures Tiers mit dem gewählten Instrument dar. Das 5. Kind bereitet sich vor, die Fabel ausdrucksvoll und fehlerfrei vorzulesen.

Spielt nun die ganze Fabel eurer Klasse vor, achtet dabei gut auf die Worte des Vorlesers.

Das Mäuschen, die Katze und der Hahn

Den Schülerinnen und Schülern sollte als Grundlage eine ausreichende Anzahl Instrumente zur freien Verfügung gestellt werden. Sehr geeignet sind das Orff'sche Instrumentarium und alle Arten von Perkussionsinstrumenten.
Es können auch Kinder, die ein Musikinstrument beherrschen, eine zu ihrem Instrument passende Rolle übernehmen.

Das Pferd und der Esel

Einst gingen ein Pferd und ein Esel auf der Landstrasse nebeneinander her. Das Pferd trug nur seinen Sattel. Der alte Esel hingegen musste große Lasten tragen. Der Esel spürte, dass er am Ende seiner Kräfte angelangt war. Darum bat er das Pferd: „Bitte, nimm mir einen Teil meiner Last ab! Die Hälfte davon wäre ein Kinderspiel für dich." Das Pferd aber dachte nicht daran, ihm zu helfen. Als Antwort ließ es ein paar Pferdeäpfel fallen und trabte hochnäsig weiter. Nach ein paar weiteren Schritten brach der alte Esel zusammen. Da hielt der Viehtreiber das Pferd an. Er lud ihm die ganze Last des Esels auf und zum Schluss auch noch den Esel obendrein.

(nach Babrios und Jean de La Fontaine)

- Formuliere die Moral dieser Fabel in einem Satz.
- Beteiligen sich bei euch alle Familienmitglieder an den Haushaltsarbeiten?
- Bei welchen Arbeiten hilfst du gerne im Haushalt?
- Bei welchen Arbeiten möchte deine Familie, dass du mehr hilfst?
- Bei welchen Arbeiten hättest du gerne, dass dir jemand aus der Familie mehr hilft?
- Was für Arbeiten müssen im Klassenzimmer verteilt werden?
- Wo hilfst du in der Schule oder beim Spielen gerne andern?
- Bei welchen Arbeiten in der Schule oder in der Freizeit hättest du gerne, dass dir jemand mehr hilft?

Das Pferd und der Esel

Lies zuerst die Fabel „Das Pferd und der Esel" auf dem Arbeitsblatt 14A. Zerschneide dann den folgenden Text den gestrichelten Linien entlang und setze ihn in der richtigen Reihenfolge zur Fabel zusammen. Die Buchstaben vor den Zeilen ergeben – von unten nach oben gelesen – das Lösungswort.

S	Da hielt der Viehtreiber das Pferd an.
A	Nach ein paar weiteren Schritten brach der alte Esel zusammen.
E	Das Pferd aber dachte nicht daran, ihm zu helfen.
U	Er lud ihm die ganze Last des Esels auf
M	und trabte hochnäsig weiter.
A	„Bitte, nimm mir einen Teil meiner Last ab!
B	Der Esel spürte, dass er am Ende seiner Kräfte war.
N	Die Hälfte davon wäre ein Kinderspiel für dich!"
I	Das Pferd trug nur sein Zaumzeug.
M	Als Antwort ließ es ein paar Pferdeäpfel fallen
Z	und zum Schluss auch noch den Esel obendrein.
T	Einst gingen ein Pferd und ein Esel auf der Landstrasse nebeneinander her.
R	Darum bat er das Pferd:
E	Der alte Esel hingegen musste große Lasten tragen.

Lösungswort: ☐☐☐☐☐☐☐☐☐☐☐☐☐☐

Das Pferd und der Esel

Lösungswort:

ZUSAMMENARBEIT

Die Grille und die Ameise

Den ganzen Frühling, Sommer und Herbst über zirpte und musizierte die Grille auf dem Feld, während die Ameise fleißig Vorräte sammelte für den Winter. Als der Winter kam, merkte die Grille, dass sie gar nichts zu essen hatte, kein Fliegenstückchen und kein Würmchen. Da ging sie zu ihrer Nachbarin, der Ameise und bat sie um ein paar Körner. Die Ameise fragte die Grille: „Und? Was hast du den Sommer über getan?" „Ich habe fleißig Musik gemacht", erwiderte die Grille. „Ach, wie hübsch. Na, dann tanze jetzt!", riet ihr die Ameise.

(nach Babrios und Jean de La Fontaine)

- Was wollten die Dichter mit dieser Fabel sagen? Wie lautet ihre Lehre?
- Findest du, dass die Ameise richtig gehandelt hat?
- Schreibe ein paar gute und ein paar schlechte Eigenschaften dieser Ameise auf.
- Schreibe auch ein paar gute und ein paar schlechte Eigenschaften der Grille auf.
- Weißt du, wie und wo Grillen und Ameisen in Wirklichkeit den Winter verbringen?

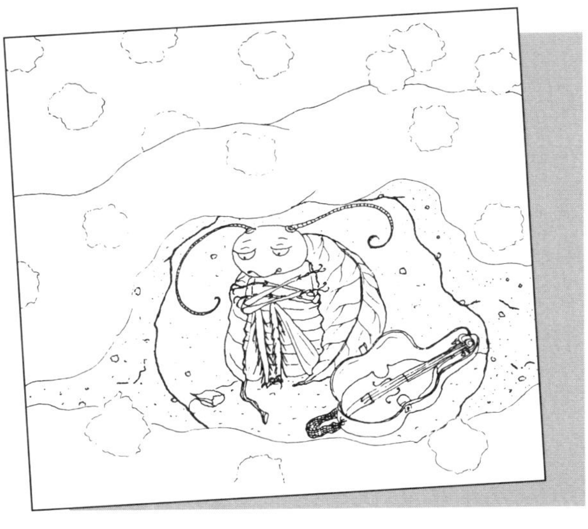

Die Grille und die Ameise

Informationen über das Verhalten von Ameisen und Grillen finden sich auf der Rückseite des Arbeitsblattes 15B.

Jean Jacques Rousseau fand in seinem Erziehungsroman „Emile", diese Fabel sei für Kinder äußerst ungeeignet und sie sei unmoralisch, da die Ameise hartherzig, nicht hilfsbereit sei und obendrein noch die Grille in ihrer Not auslache.

Das Verhalten der Ameise bietet in jedem Fall Diskussionsstoff und zeigt, dass auch so moralische Texte wie Fabeln nicht über alle Zweifel erhaben sind.

Die Grille und die Ameise

Sowohl Grillen als auch Ameisen sind Insekten und trotzdem unterscheiden sie sich sehr voneinander.

★ **Ein Tipp für tüchtige Forscher:**
Nachschlagen in Tierbüchern macht klug!

- Versuche, die unten stehenden Fragen zu beantworten.
- Male die Felder, welche die Nummern der richtigen Antworten tragen, mit Bleistift aus. 4 kreisrunde Lösungsfelder werden gelb.

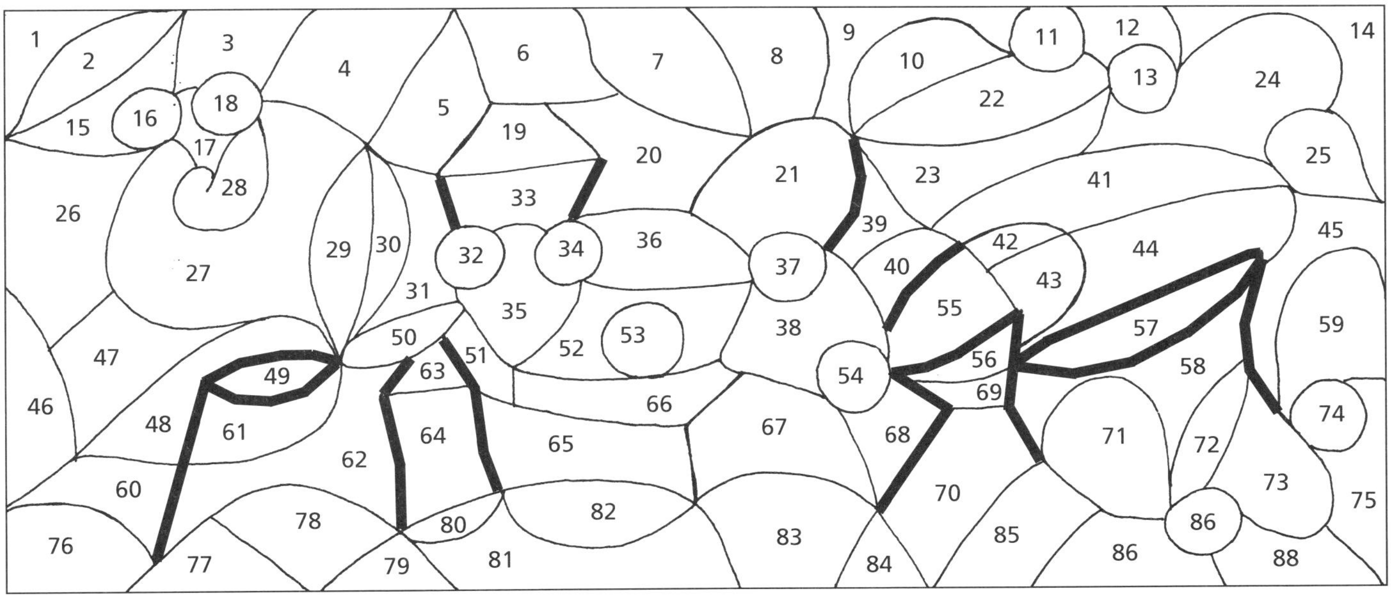

Ameisen leben
- in Familien. 16
- in Herden. 21
- in Staaten. 38

Was ist richtig?
- Alle Ameisen haben Flügel. 66
- Die Arbeiterinnen haben keine Flügel. 35
- Nur die Männchen haben Flügel. 53

Was stimmt?
- Alle Ameisen können Eier legen. 47
- Nur die Ameisenweibchen können Eier legen. 33
- Nur die Ameisenköniginnen können Eier legen. 50

Was ist richtig?
- Die Ameisen trinken Honigtau, der von Blattläusen abgesondert wird. 40
- Die Ameisen schützen die Blattläuse vor Mehltau. 11
- Die Blattläuse geben den Ameisen Milch. 27

Ameisen verständigen sich durch
- Töne. 18
- Augenzwinkern. 63
- Duftstoffe. 55

Grillenmännchen machen Musik,
- um Weibchen anzulocken. 41
- um den Sommer zu feiern. 25
- um Vögel zu erschrecken. 88

Grillenmännchen machen Musik, indem sie
- die Flügel aneinander reiben. 44
- mit ihren Vorderfüssen trommeln. 23
- singen. 69

Wenn Grillenmännchen musizieren, nennt man das
- grillen. 27
- zirpen. 49
- knirschen. 78

Was ist richtig?
- Grillen leben nur einen Sommer lang. 87
- Eine Grille lebt als erwachsenes Insekt nur einen Sommer lang. 43
- Die Grille lebt das erste Jahr als Made. 54

Das Gehör der Grillen befindet sich
- am Kopf 32
- am Hintern 60
- an den Vorderbeinen 48

Die Feldgrille lebt
- in Erdhöhlen. 42
- auf Bäumen. 30
- im Heu. 29

Nicht erwachsene Grillen nennt man
- Larven. 61
- Masken. 36
- Heuschrecken. 71

Auch andere Insekten können musizieren, nämlich
- die Hornissen. 28
- die Heuschrecken. 57
- die Libellen. 52

Was stimmt?
- Ameisen und Grillen gehören zu den Insekten. 56
- Nur die Ameisen sind Insekten, die Grillen nicht. 22
- Nur die Grillen sind Insekten, die Ameisen nicht. 19

Die Grille und die Ameise

Über Grillen:

Unsere Feldgrillen wohnen in Erdhöhlen, die sie vor Feinden schützen. Das Lebensziel der Grillen ist, sich fortzupflanzen. Um Weibchen anzulocken, reiben die Grillenmännchen die Kanten ihrer Flügel sehr schnell aneinander, sieben Mal in der Sekunde. Dabei entsteht ein glockenreines Zirpen, das über 100 Meter weit hörbar ist. Heuschrecken zirpen auch, aber ihr Lied ist eher schnarrend und kratzend.

Das Hörorgan sitzt bei den Grillen unter den Knien der Vorderbeine.
Nach der Eiablage sterben die Grillen. Aus den Eiern schlüpfen kleine Grillen. Sie sehen ihren Eltern recht ähnlich, aber sie haben noch keine Flügel. Es sind Larven, die sich bis 20-mal häuten, bevor sie erwachsen sind. Eier und Larven überwintern in der Erde. Eine Grille lebt also nur einen Sommer lang als ausgewachsenes Insekt.

Über Ameisen:

Die Ameisen sind soziale Insekten, wie z. B. die Bienen. Keine Ameise kann alleine überleben. Sie leben in riesigen Gemeinschaften, die man Kolonien oder Staaten nennt. Ameisen verständigen sich untereinander durch besondere Duftstoffe. Das Zentrum des Staates bilden mehrere Königinnen. Sie sind die Einzigen, die Eier legen und für den Fortbestand des Staates sorgen. Das Volk bilden die Arbeiterinnen, das sind unfruchtbare weibliche Ameisen. Sie bauen und reparieren das Nest, pflegen die Königinnen und die Brut und verteidigen den Ameisenbau gegen Feinde. Sie beschaffen auch die Nahrung für das ganze Volk, überfallen und töten andere Insekten und tragen in einem besonderen Magen Honigtau von den Blattläusen in den Bau. Die Männchen arbeiten gar nichts. Sie haben Flügel, und ihre einzige Aufgabe besteht darin, sich auf dem Hochzeitsflug mit den jungen Königinnen zu paaren.

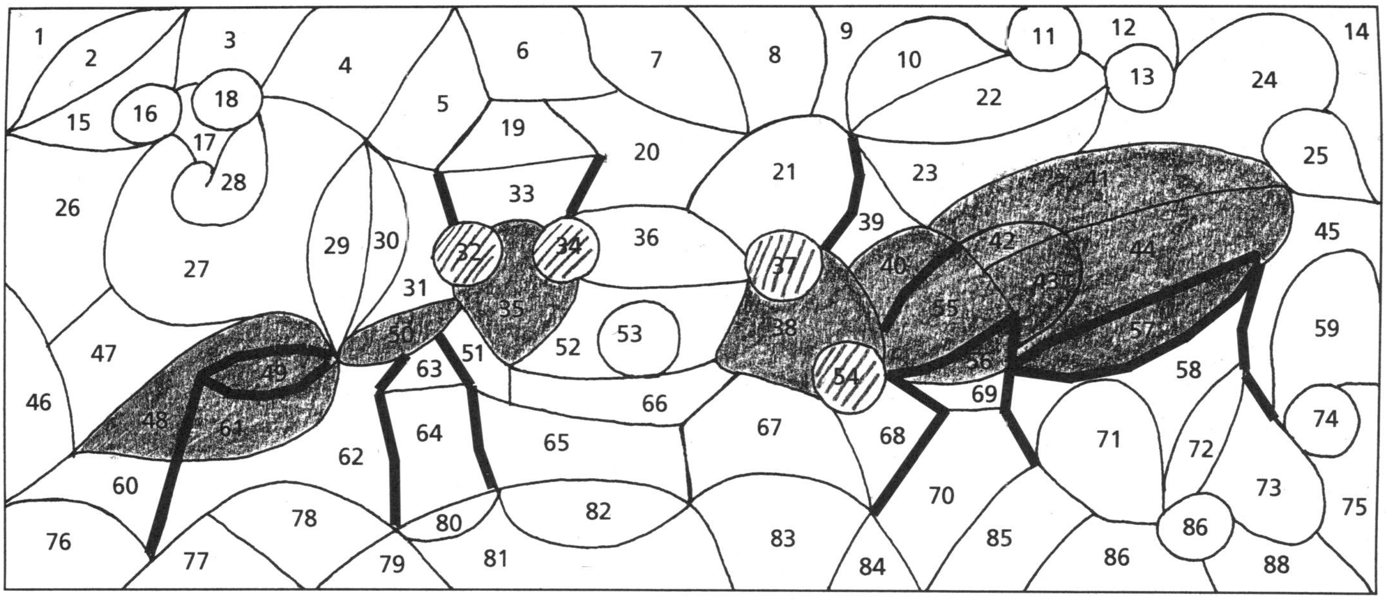

Der Rabe und der Adler

Einst beobachtete ein Rabe, wie ein Adler über einer Schafherde seine Kreise zog, sich dann auf ein Lamm stürzte und es in seinen Krallen zu seinem Horst hochtrug. „Das kann ich auch", dachte der Rabe. Sorgfältig wählte er das dickste Schaf aus und stürzte sich darauf. Das Schaf aber war nicht nur viel zu schwer für einen Raben, sondern hatte auch ein besonders dichtes Fell, in dem der Rabe mit seinen Krallen hängen blieb. Je mehr er sich freistrampeln wollte, umso mehr verstrickte er sich im gekräuselten Pelz. Das Schaf wunderte sich nicht wenig über den tollkühnen Vogel auf seinem Rücken. Da kam auch schon der Schafhirte herbei. Er befreite den Raben aus dem Schaffell, steckte ihn in einen Käfig und brachte ihn nach Hause, wo er den Kindern als Spielzeug diente. „Was war ich für ein Dummkopf!", dachte der Rabe traurig. „Warum musste ich Rabe den Adler nachahmen? Jetzt büße ich dafür."

(nach Jean de La Fontaine)

- Kennst du die Sprichwörter „Frisch gewagt ist halb gewonnen" und „Probieren geht über Studieren"? Was bedeuten sie?
- Eigentlich hat der Rabe probiert, statt zu studieren, und er hat seine Tat frisch gewagt.
  Warum hat er dabei nichts gewonnen, sondern ist ins Unglück geraten?

Der Rabe und der Adler

Bereite die Fabel vom Raben und vom Adler als Diktat vor. Folge genau den Anweisungen, dann wirst du sicher ein gutes Diktat schreiben.

Die hier beschriebenen Übungen helfen dir natürlich auch beim Vorbereiten anderer Diktattexte.

Male die Raben aus, deren Aufgabe du erledigt hast.

1. Lies den Text dreimal sorgfältig durch.

2. Schreibe den Text ab.

3. Übermale im Text alle Nomen braun.

4. Übermale alle Satzzeichen rot.

5. Übermale alle Doppelungen (ll, mm, ss, rr, nn, tt, ff, pp) orange.

6. Übermale alle Schärfungen (ck, tz) orange.

7. Übermale alle Dehnungen (aa, ah, ee, eh, ie, ieh, oo, oh, uh) grün.

8. Schreibe alle Wörter auf, die du schwierig findest.

....

....

9. Bitte jemanden, dir den Text zu diktieren und dann mit dir zusammen zu korrigieren.

10. Schreibe nun als Verbesserung jedes falsche Wort dreimal richtig.

Musstest du mehr als drei Wörter verbessern?
Dann lies den Text noch einmal sorgfältig und wiederhole die Punkte 8, 9 und 10.

⋆ Tipp für kluge Raben und Schafe:
Lies das Diktat, bevor du es abgibst, noch einmal ganz, ganz genau und sorgfältig durch. Es lohnt sich!

Der Hase und die Schildkröte

Schnell rennen allein genügt nicht. Es kommt auch auf rechtzeitiges Starten und Durchhalten an. Dies zeigt uns die Fabel von Hase und Schildkröte.

Die Schildkröte sagte zum Hasen: „Wetten wir, ich bin schneller am Ziel als du!" „Du, schneller? Mit deinen kurzen Beinen?", fragte der Hase verwundert, lachte und nahm die Wette sofort an. Beide hinterlegten einen Wetteinsatz und begaben sich an den Start. Auf los! ging es los, und pfeilschnell rannte der Hase der Schildkröte davon. Sogleich hatte er einen riesigen Vorsprung. Da bemerkte er ein paar saftige Kräuter am Rand der Rennstrecke, und er begann zu fressen. Nach der Mahlzeit legte er sich hin für ein Verdauungsnickerchen. „Die lahme Schildkröte hole ich leicht ein", dachte er sich. Die Schildkröte hingegen kroch unentwegt vorwärts und ließ sich durch nichts von ihrem Ziel abbringen. Als der Hase aufwachte, sah er, wie die Schildkröte eben am Ziel angekommen war. „Hatte ich nicht recht?", freute sich die Schildkröte und nahm den verdienten Wetteinsatz an sich.

(nach Babrios und Jean de La Fontaine)

- Der Hase ist ...
  die Schildkröte ist ...

schnell	beharrlich
willensstark	spöttisch
gefräßig	ausdauernd
zielstrebig	sorglos
zu selbstsicher	langsam

Unterstreiche alle Adjektive braun, die zum Hasen in dieser Geschichte passen. Alle Adjektive, die zur Schildkröte passen, unterstreichst du grau.

Vergleiche diese Fabel mit „Der Hase und der Igel" auf dem Arbeitsblatt 2A.

- Was ist in beiden Fabeln gleich oder ähnlich?
- Was ist verschieden?
- Dank welcher Eigenschaft gewinnt die Schildkröte?
- Wie gewinnt der Igel?
- Welche der beiden Fabeln gefällt dir besser? Warum?

Der Hase und die Schildkröte

Das bin ich:

Name: ....

Geburtstag: ....

Meine Familie: ....

....

Hobbys: ....

Lieblingstier: ....

Lieblingsschulfach: ....

Lieblingsessen: ....

Lieblingsfarbe: ....

Lieblingsmusik: ....

Hier bin ich ein „Hase"
(Das heißt: Diese Dinge kann ich mühelos bewältigen.)

in der Schule: ....

zu Hause: ....

bei Spiel und Sport: ....

ganz privat: ....

Übermale rot, wo du aufpassen musst, dass du als „Hase" nicht auf der Strecke bleibst und von den langsameren, aber beharrlicheren „Schildkröten" abgehängt wirst.

Hier bin ich eine „Schildkröte"
(Das heißt: Diese Dinge kann ich schon bewältigen, aber es fällt mir nicht ganz leicht. Ich muss mich anstrengen und mir mehr Mühe geben als die „Hasen".)

in der Schule: ....

zu Hause: ....

bei Spiel und Sport: ....

ganz privat: ....

Übermale grün, wo du durch Üben und große Ausdauer mit der Zeit die „Hasen" einholen oder sogar überholen kannst.